[재테크 탐방]

이야기로 보는

재테크 성공전략

이옥동 · 최정일

남두도서

[재테크 탐방]

이야기로 보는

재테크 성공전략

남두(南斗) : 남두육성(南斗六星)

은하의 중심인 사수자리에 있는 국자모양의 여섯 개의 별로서, 인간의 탄생을 결정하는 별로 알려져 있다.

□ 머리말

옛날 로마 사람들은 돈을 '빼꾸니아'라 불렀다고 합니다. 이는 본래 가축이라는 단어로서 물물교환을 할 때 가축을 화폐로 통용한데서 비롯되었다고 합니다. 중국에서는 조개껍질을 화폐로 사용했습니다.

우리는 화폐를 '돈'이라 부르며 '돌고 돌아서 돈'이라 말하기도 합니다. 하지만 사실은 돈이 '돈다'라는 뜻에서 나온 것이 아니라 '돌멩이'에서 나온 것이라고 합니다.

물물교환시대에 '귀한 돌'을 화폐로 통용하면서 비롯되었다는 것입니다. 그래서 그런지 요사이 일부 사람들은 돈을 보석으로 알고 잘 돌아가지 않게 묻어두고 감추어 두는 습성이 많은 것 같습니다.

포도주는 새 술일 때도 포도주 맛이 나지만 오래 묵으면 묵을수록 더욱 더 훌륭한 맛을 냅니다. 하지만 돈은 감춰두고 오래 묵으면 묵을수록 값어치가 더 떨어지는 특징이 있습니다.

포도주는 담그자마자 마셔서는 안 됩니다. 어두운 지하실에서 묵힐수록 제 맛이 우러나오며 시간과 함께 오래 발효되어야 합니다. 포도주는 누구에게나 참을성을 가르쳐 주고 있습니다.

반면 우유는 포도주와 달리 짜내는 그 순간이 가장 신선합니다. 조금만 묵혀 두어도 변질되고 썩어 버리고 맙니다. 보자마자 마셔버려야 불안하지 않은 것이 우유의 특성인 것입니다.

돈은 창고 속에 오래 보관하기보다는 더 높은 수익률을 찾아서 한시도 멈추지 않고 움직이기를 원하고 있습니다. 반면 투자에 참여한 이후에는 때가 오기만을 참고 기다리는 여유를 가져야 합니다.

조선시대에 유계와 민정중 두 사람이 한양에 급한 볼일이 있어서 이른 새벽에 길을 떠났습니다. 어느덧 냇가에 이르러 다리를 건너게 되었습니다.

유계는 무사히 건넜으나 민정중은 발이 헛디디는 바람에 다리를 부수면서 등짐과 함께 물에 떨어지고 말았습니다. 그래서 우선 유계가 먼저 떠나고 민정중은 등짐을 수습하여 나중에 떠나 주막에서 합류하기로 하였습니다.

유계가 주막에 도착한 후 한참을 기다렸는데도 민정중 일행이 따라오지를 않았습니다. 그러더니 점심때가 되었을 무렵에야 비로소 나타났습니다.

"갈 길이 바쁜데 여태 무엇 하느라고 이렇게나 늦었소?"

유계가 짜증스런 말투로 물어오자 민정중이 웃으며 대답했습니다.

"저는 다행히 크게 다치는 것을 면했으나 뒤에 오는 사람이 제가 당한 것과 같은 어려움에 빠져서는 안 되겠기에 하인들과 다리를 다시 고쳐놓고 오느라 조금 늦었습니다."

저자가 처음 이 책을 쓰고자 하는 마음이 아마도 이 내용에 모두 포함되어 있다고 보입니다. 지난 20년 이상 증권시장과 부동산시장에서 겪은 많은 시행착오를 이 글을 읽는 분들은 모두 안전하게 넘어가기를 바라는 마음입니다.

동물들에게 무통 분만을 시키면 자기가 낳은 새끼에게 애정을 표시하지 않는다는 과학자들의 보고가 있습니다. 실제로 저 또한 제왕절개를 통해 낳은 새끼에 대하여 남 보듯 하는 어미 개를 본적이 있습니다.

산을 참으로 사랑하는 등산가들은 땀을 흘리며 위험과 어려움 속에서 정상에 오릅니다. 반면 케이블카를 타고 편안히 정상에 오르는 사람들은 산에 대한 깊은 애정을 느끼지 못할 것입니다.

주식투자가는 성공투자를 위하여 기업의 실적을 분석하고 그래프를 보면서 종목과 매매시점을 선정하고 있습니다. 운이 좋아서 또는 쉽게 얻어지는 수익률보다는 힘들여 얻는 수익률에 더 많은 애정을 갖게 될 것입니다.

에베레스트 정상에 오르는 등산가는 그 정상에 올라가 살고자 하는 것이 아닐 것입니다. 아마도 올라가자마자 다시 내려올 준비를 해야 할 것입니다. 정복을 위한 긴 고통의 시간에 비하면 정상의 영광은 순간입니다.

정상에 오르는 일 못지않게 중요한 것은 그 정상을 향해 오르고 그 정상에서 다시 내려오는 길고 고달픈 시간입니다. 영광은 빛과 같아 잠깐 반짝하고 꺼지면 그만입니다. 어떠한 빛도 반짝하고 꺼지게 되어 있습니다.

주식이나 부동산 투자를 하면서 수시로 느끼는 내용들입니다. 어렵게 쌓아올린 수익률이 한순간 반짝이며 허무하게 무너지는 경우를 보아왔습니다. 이 책을 통하여 투자의 깊은 맛을 느끼며 전문가로 새로이 태어나 보시기 바랍니다.

끝으로 이 책이 나오는 데 많은 도움을 주신 남두도서의 남승우 사장님과 수고를 아끼지 않은 편집부 직원들에게 감사를 드립니다.

수리산에 내리는 첫눈을 바라보면서

저자일동

□ 차례

PART 01

재미있는 주식시장 이야기　15

PART 02
주식시장에 얽힌 이런저런 이야기 147

PART

01

재미있는 주식시장 이야기

제 1 장

증시휴게실

| 돈을 벌어야 증권쟁이지!

멋을 내야 멋쟁이니?
멋이 나야 멋쟁이지!

점만 본다고 점쟁이니?
괘가 맞아야 점쟁이지!

개구리처럼 뛰어다녀야 개구쟁이니?
예쁜 짓도 골라가면서 해야 개구쟁이지!

주식만 사고판다고 증권쟁이니?
사고팔고 돈을 벌어야 증권쟁이지!

내가 주식투자를 하는 이유?

내가 여자를 선택하는 기준은?
부모님 앞에서는 궁합이 최우선
선배들 앞에서는 똑똑함이 최우선
친구들 앞에서는 성격이 최우선
바로 너 앞에서는 미모가 최우선

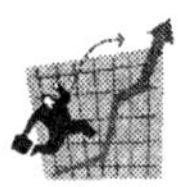

내가 주식투자를 하는 이유는?
부모님 앞에서는 재산관리 차원에서
선배들 앞에서는 경제상식이 풍부해서
친구들 앞에서는 여가시간을 잘 활용하기 위해서
바로 너 앞에서는 돈벌이가 좋기 때문이라서

번지점프보다 더 무서운 주식투자

비행기 타는 것이 무서울 때가 있어요.
심지어 비행기보다 더 무서운 바이킹
바이킹보다 더 무서운 번지점프
번지점프보다 더 무서운 성수대교
성수대교보다 더 무서운 증권투자

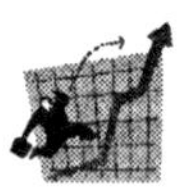

아직도 증권투자가 무서운가요?

| 버릴 줄 아는 지혜

이스라엘에는 갈릴리호와 사해라는 두 개의 유명한 호수가 있습니다. 하지만 이 두 개의 호수는 같은 지역에 있으면서도 전혀 다른 특성을 가지고 있습니다.

갈릴리호는 물이 깨끗하고 고기도 풍부하여 관광객이 끊이지 않아 축복의 호수로 불리지만 사해는 염분이 너무 높아 생명체라고는 살 수가 없어 죽음의 바다로 불립니다.

왜 이런 커다란 차이가 생겼을까요?

갈릴리호는 주위의 산에서 흘러내리는 맑은 물을 받아들여 끊임없이 다른 강들로 흘려보내지만 사해는 주위의 물을 받아들이기만 하지 다른 곳으로 흘려보내지 않아 고인 물이 썩기 때문이라고 합니다.

흘러 들어오는 물이 수익이라면
흘러 나가는 물은 손실이 되겠지요.
수익만을 생각하는 투자는 한계에 이르겠지만
적당한 손실을 두려워하지 않는 투자는
당신에게 더 많은 수익을 가져올 것입니다.

| 공짜는 없다

어느 현명한 왕이 현자들을 한 자리에 모아놓고 이렇게 임무를 부여하였습니다.

"후세에 남겨줄 수 있도록 '세기의 지혜'를 다 정리하여 책에 담아주시기 바랍니다."

오랜 세월 동안 연구를 한 학자들이 열두 권의 책을 만들어 왕에게 바치며 그것이 바로 '세기의 지혜'라고 말했습니다.

열 두 권의 책을 다 본 왕이 "여러분, 이 책엔 분명히 세기의 지혜가 담겨 있습니다. 당연히 후세에 물려줄 가치가 있지만 너무나 두꺼운 책이라서 사람들이 읽지 않을까 걱정됩니다."

다시 연구에 들어간 현자들은 한 권의 책으로 만들어 왕에게 보여주었습니다. 왕은 조금 더 줄여보라고 했습니다. 현자들은 한 권의 책을 한 쪽으로 줄였다가 다시 한 문장으로 바꾸었습니다.

왕은 그들이 만든 문장을 보고 매우 기뻐했습니다.

"바로 이것이 여러분과 내가 바라던 '세기의 지혜'입니다. 세상 사람들이 이것을 배우면 그동안 고뇌하던 모든 문제들이 곧 해결될 것입니다."

현자들이 후세에 물려줄 단 한 문장으로 된 세기의 지혜는 바로 이것이었습니다.

"공짜는 없다."

노력한 만큼 거두는 사회가 정상적인 사회입니다.
투자하지 않고 대가만을 원한다면 오래가지 못할 것입니다.
노력 없는 성공이 오래갈 수 있겠습니까?
그리고 두 번 다시 또 그런 행운이 반복될 수는 없습니다.
높은 수익률을 원한다면 더 많이 노력하기 바랍니다.
예전이나 지금이나 앞으로도 변하지 않을 세기의 진리
'공짜는 없다' 꼭 기억하세요.

| 성공투자의 지름길은?

서울에서 부산까지 가장 빨리 가는 방법을 알고 계십니까?
여러 가지 방법이 나올 수 있습니다.
비행기를 이용해서, 기차를 이용해서, 자동차를 이용해서 등
그러나 무엇보다도 가장 좋은 대답은 바로 이것입니다.
'애인과 함께 가는 것'

성공투자로 가는 가장 빠른 길을 알고 계십니까?
신용과 미수를 걸고, 선물과 옵션을 투자하고,
코스닥시장과 제3시장에 투자하며 등등
여러 가지 방법이 나올 수 있습니다.
하지만 이것만은 꼭 기억해 주세요,
'저와 함께 노력하는 것'

| 어리석은 욕심을 부리고

한 나그네가 있었습니다.

그는 여행을 하던 중 큰 강을 만나게 되었습니다.

이곳저곳을 살펴보았지만 어디에도 배는 없었기에 어쩔 수 없이 나무를 베어 힘들게 뗏목을 만들었습니다.

이윽고 다 완성한 나그네는 기쁜 마음으로 그것을 타고 무사히 강을 건넜습니다.

강을 건넌 뒤 나그네는 자신이 애써 만든 뗏목을 그냥 두고 가자니 아깝다는 생각이 들었습니다.

"내가 얼마나 애써 만든 뗏목인데."

욕심이 생긴 나그네는 무거운 뗏목을 끌고 길을 계속 걸어갔습니다. 하지만 그 먼 길을 계속 걸어가도 강은 더 이상 나오지 않았습니다.

나그네의 어리석은 욕심이 스스로를 힘들게 합니다.
증권투자에서도 아무리 아깝고 아쉬운 종목이라도
또는 아무리 비싸게 매수하였다 하더라도
더 이상 투자가치가 없다고 판단되면
또는 주가하락이 예상되는 시점이라면
과감하게 미련을 버리는 자세가 바람직해 보입니다.
버릴 것은 빨리 버리는 것이 현명한 투자방법입니다.
빠른 판단으로 더 많은 기회를 얻을 수 있습니다.

| 내일은 오지 않을 수도

한 마을에 형제가 살고 있었습니다.

어느 날 거지가 찾아와 빵 몇 조각을 구걸했습니다.

형은 거지를 피하고 싶었으나 인색함을 보이기는 싫었습니다.

"내일 오십시오."

거지가 돌아가자 어린 막내가 집밖으로 뛰어나갔습니다.

"어디 가는 거니?"

"그 거지를 찾아보려구요. 형님은 언제나 시간이 오는 것이라지만 저는 그렇게 생각하지 않습니다."

갑자기 형은 깨달았습니다.

"어떻게 내일이라 말할 수 있는가! 내일이면 내가 여기에 없을지도 모르고 거지 또한 내일은 오지 않을 수도 있지 않은가."

큰 형도 거지에게 빵을 주기 위해 막내를 따라갔습니다.

주식시장이나 부동산시장의 경우
내일은 오늘의 연장이 아닙니다.
내일은 새로운 또 다른 오늘일 뿐입니다.
내가 사거나 팔고자 하는 오늘의 시점이
바로 내일까지 기다려 준다는 어떠한 기약이 없습니다.

| 작은 손실이 아까워서

족제비를 잡기 위한 사냥법은 여느 동물 사냥과는 다르다고 합니다.

사냥꾼들은 덫을 놓는 것이 아니라 족제비의 집 입구와 주위를 더럽혀 놓고 사냥개를 풀어 추적을 하게 합니다.

그러면 족제비는 자신의 집을 향해 도망을 가다가 더러운 집 입구를 보고 자신의 털이 더럽혀질 바에는 차라리 죽는 편이 낫다고 생각하는지 더 이상 도망가는 걸 포기한다고 합니다.

자신의 예쁜 털이 조금이라도 손상되는 것을 싫어하기 때문에 어리석게도 사냥꾼에게 잡히는 것이지요.

족제비는 자신의 죽음을 예감하면서도
털이 상할까봐 더 이상 도망가지 못한답니다.
증권투자도 마찬가지 아닌가요?
대세하락이나 주가폭락을 예감하면서도
매수단가를 아쉬워하며 손절매를 하지 못한다면
그나마 남은 푼돈마저도 모두 잃을 수 있습니다.
또한 더 많은 손실을 입을 수도 있습니다.

| 뭘 해야 하는지 알아야

아버지가 하루는 아들을 불렀습니다.

"얘야! 내일 아침에 이웃마을에 좀 다녀오너라."

다음날 아들은 동이 트자마자 길을 떠나 이웃마을로 갔습니다.

그러나 이웃마을에 도착한 아들은 무엇을 해야 할지 알지 못했습니다. 그는 지친 몸을 이끌고 투덜거리며 다시 집으로 돌아갔습니다.

그 모습을 본 아버지는 기가 막힐 지경이었습니다.

"이 미련한 녀석아, 일의 내용도 모르면서 무작정 갔다 오기만 하면 무슨 소용이 있느냐? 너는 뭘 해야 하는지도 모른 채 왔다 갔다 하는 헛수고만 했구나."

읽고 나니 왠지 가슴이 답답한가요?
남의 일이 아닙니다.
바로 여러분의 경우가 될 수도 있습니다.
주식을 사면서 또는 부동산을 사거나 파는 시점에서
무작정 사거나 팔고 있지는 않겠죠?
항상 매수할 때는 매도하고자 하는 목표가격을
매도할 때는 환매수하고자 하는 목표가격을
미리 정하고 매매하기 바랍니다.
싼 가격에 잘 매수해도 오른 뒤에 구경만 하다 보면
어느 사이에 다시 매수한 가격대로 내려와 있습니다.

| 서두르면 안 되지요!

빨리 어른이 되고 싶은 한 소년이 요술 할아버지를 찾아갔습니다.

"할아버지, 저는 빨리 어른이 되고 싶어요. 무슨 방법이 없나요?"

그러자 요술 할아버지는 빙그레 웃으며 소년에게 연과 연실이 잔뜩 감긴 얼레를 주었습니다.

"이 얼레에 감긴 연줄을 푸는 대로 너는 자꾸자꾸 나이를 먹어 어른이 된단다. 그러니 네가 어른이 되고 싶으면 이 연실을 풀어라. 그런데 한 가지 주의할 것은 이 얼레에 감긴 연줄은 한 번 풀면 되감을 수가 없단다. 명심하거라."

소년은 신이 나서 연을 날리기 시작하였습니다.

'그래, 아무것도 하지 않고 시간이 흘러간다는 게 얼마나 신나는 일이야. 얼른 어른이 될 수 있잖아.'

연은 더욱 높이 올라갔고 얼레에 감긴 연실이 자꾸 풀어질수록 소년은 점점 머리가 하얀 할아버지가 되어갔습니다. 그제야 소년은 아차 싶어 돌아가는 얼레를 멈추었으나 풀린 연줄은 다시 되감을 수가 없었고 아무것도 한 일 없이 늙은이가 되어버렸답니다.

무의미한 욕심에 무의식적으로 얼레만을 돌리는 소년의 모습이 상상 속에 그려지고 있습니까?

막연히 수익률만을 올리겠다는 욕심을 앞세우고
능력에 넘치는 투자에 임하고 있지는 않습니까?
혹시 투자한 원금이 사라질 무렵 아차 싶어
지금껏 투자방법에 대해 후회하면 이미 때는 늦습니다.

| 미친놈과 멍청한 놈

미국 유머 중에 스피드광이건 굼벵이 운전자건 모두 자기보다 빨리 달리는 사람은 미친놈이고 자기보다 느리게 달리는 사람은 멍청한 놈으로 생각한다는 이야기가 있습니다.

이것은 오직 자기 자신만이 옳은 판단 기준을
가지고 있다고 생각하는 세태를 풍자한 것입니다.
당신의 주식투자방법과 연관시켜 생각해 보십시오.

- 나보다 빨리 매매하는 투자가 : 매수하기에 따라 샀더니 언제 팔았는지도 모르게 파는 투자가
- 나보다 매우 늦게 매매하는 투자가 : 같은 종목 같이 사서 나는 벌써 두세 번 종목이 교체되었는데 아직도 그 종목만을 보유하고 있는 투자가

당신은 두 투자가를 각각 무엇이라 부르고 있습니까?
전혀 관심이 없으시다구요?

| 살아있는 동안 줄 수 있다면

어느 날 돼지가 암소에게 자신은 인기가 없다고 하소연하였습니다.

"사람들이 너는 온순하고 많은 도움을 준다고 하지만 사실 우유와 크림을 줄 뿐이잖아. 거기에 비하면 나는 더 많은 것을 준다고 할 수 있지. 베이컨과 햄을 주고 머리로 제사까지 지내고 다리 역시 족발까지 제공해 주니 하나도 버릴 것이 없잖아. 그런데 사람들이 왜 나를 좋아하지 않을까?"

암소는 잠시 생각하더니

"글쎄 그건 아마 나는 살아있는 동안에 내 것을 사람들에게 주지만 너는 죽은 다음에야 주기 때문일 거야"라고 말했습니다.

지금 작은 수익률을 올리는 데 최선을 다하는 것이
나중에 큰 수익률을 올리겠다고 말하는 것보다
훨씬 더 중요하답니다.
작은 수익률이 모여서 큰 수익률이 되는 것이고
지금의 작은 수익률을 아끼는 마음이
먼 훗날 큰 수익률을 만들 수 있습니다.

❙ 나의 미래상이 될 수도 있으니

조그만 연못가에 한 마리 올챙이가 있었습니다.

이 올챙이는 세상의 모든 일들을 다 안다고 믿고 있었습니다.

올챙이는 연못가에 앉아 하찮은 파리나 먹고 사는 개구리가 그렇게 어리석어 보일 수가 없었습니다.

"그렇게도 할 일이 없어 가만히 앉아 더러운 파리만 먹고 사니? 게슴츠레한 눈에 이상한 옷을 입은 네 모습이 너무 우스워."

올챙이가 경멸하는 듯한 어조로 말하자 개구리가 대답하였습니다.

"너도 시간이 흘러 뒷발과 앞발이 나올 때쯤이면 나를 이해할 수 있을 거야. 그때 가서 이야기하자."

주식과 선물투자를 하시면서 느끼신 점이 무엇입니까?
처음 성공투자를 마음먹고 입문하셨을 무렵
뭐가 어려워 저리도 수익률을 올리지 못하나?
쌀 때 사서 비쌀 때 팔면 되는 것을 그렇게도 못한단 말인가?
그러나 무능하게만 보이는 선배 투자가들이
머지않은 날 나의 미래상이 될 수도 있습니다.
그때 가서 후회하지 마시고 지금부터
더욱 열심히 더 많이 노력하시기 바랍니다.

ㅣ처음부터 좋은 습관이 중요해요

옛날에 한 영감이 소를 팔러 장에 갔더니 사돈 영감도 소를 팔러 장에 와 있었습니다.

두 영감 반갑게 인사를 하고 "나는 암소를 팔고 황소를 사러 왔소." 하니까 사돈은 황소를 팔고 암소를 사러 왔다고 말했습니다.

"이거 마침 잘 됐소. 서로 바꾸기만 하면 되겠구먼."

두 영감은 사이좋게 황소와 암소를 서로 바꿔 가졌습니다. 두 사람은 일이 기가 막히게 잘 된 터라 기분 좋게 술집으로 가서 주거니 받거니 하다가 술이 잔뜩 취해 가지고 해 넘어갈 무렵 각기 바꾼 소를 타고 집으로 향했습니다.

그러나 사람은 소를 바꾸어 탔지만 소야 바꾼 줄을 알게 뭔가? 낙숫물이 떨어진 데 또 떨어지듯이 소는 원래 자기 집으로 갈 뿐이었습니다.

다음날 아침 눈을 떠보니 자기 옆에 누워 있는 여자는 자기 마누라가 아니라 사돈 마님이기든, 이 영감 깜짝 놀라서 "이크, 우리 집에서도 야단이 났겠구먼." 하고 죽어라 집으로 쫓아가더랍니다.

한번 버릇이 들면 고치기가 어렵다는 뜻입니다.

주식이나 부동산 투자가에게 꼭 필요한 말이라고 생각합니다. 항상 처음부터 좋은 습관을 들이기 바랍니다.

주식투자가의 경우에는 주도주인 우량주를 가지고 매매하는 습관이 몸에 밴 사람들이 있을 수 있습니다. 반대로 싸다는 이유로 단순저가주인 관리종목을 포함한 부실주만을 가지고 매매하는 분들이 있을 수 있습니다.

또한 어느 사업가는 지금까지 자기 돈은 한푼도 들이지 않고 오로지 정부의 공적자금만을 가지고 경영하려고 합니다. 반면 어느 사업가는 제 돈을 가지고 무리하지 않고 알뜰하게 사업을 하려고 합니다.

| 나는 '돈'입니다

나는 과연 무엇일까요?

사람들은 나를 손에 쥐고는 자신의 것이라 합니다.

하지만 나는 사람들이 나의 것이라고 생각합니다.

내가 사람들을 얼마나 쉽게 지배하는지 살펴볼까요.

나를 얻기 위해 사람들은 죽는 것 말고는 무엇이든 하려고 합니다. 또한 나 때문에 사람들은 서로 싸우기도 하고 미워하기도 합니다. 또한 나 때문에 사랑하기도 미워하기도 합니다.

내가 사람들의 노예가 아니라 사람들이 나의 노예인 것입니다.

생각나십니까? 나는 '돈'입니다.

| 욕심이 너무 많아서

욕심 많은 아주 미련한 부자가 있었습니다.

어느 날 그는 마을에서 덕망 높은 선비의 집에 높고 웅장한 삼층석탑이 있는 것을 보고 욕심이 생겼습니다.

"나는 그보다 재산은 많은데 삼층석탑이 없기 때문에 존경을 받지 못하는구나."

집으로 돌아온 그는 인부들을 불러 모았습니다.

"선비의 것보다 더 좋은 석탑을 빨리 짓도록 해라."

인부들은 땅을 파고 돌을 모아 석탑을 짓기 시작했습니다.

그런데 조금 시간이 흐른 후 부자가 나타나 말했습니다.

"왜 이렇게 작업이 더딘가? 나는 아래의 두 층은 필요 없다. 어서 삼층부터 지어라."

당신도 가끔 이렇게 욕심을 부리고 계시지는 않으십니까?
작은 수익률보다는 당장 큰 수익률만 원하고 계십니까?
과정과 노력 없는 결과는 있을 수 없습니다.
성공투자를 위해 노력보다는 오직 결과만을 원하십니까?
또한 성공한 투자가는 단지 운이 좋았을까요?
아마도 남모르는 노력을 많이 했을 것입니다.
당신도 성공할 수 있습니다. 노력하십시오.

| 단 한 사람! 단 한 종목!

19세기 미국의 교육학자 호리스만이라는 사람이 소년 감화원 개원식에서 이런 말을 하였습니다.

"단 한 사람이라도 여기서 감화되어 나간다면 이 건물을 세우는 데 든 모든 예산과 인력은 조금도 아깝지 않을 것입니다."

개원식이 끝나자 한 신사가 다가와 호리스만에게 조심스럽게 물었습니다.

"단 한 사람이라도 감화되어 나간다면 예산과 인력이 아깝지 않다는 것은 지나친 표현이 아닌가요?"

그러자 호리스만은 진지하게 대답하였습니다.

"지나치다니요? 그 아이가 내 아이라고 생각해 보십시오."

이 글을 읽고 나서 저는 당신께 이런 제안을 해 봅니다.
내일 다시 '블랙먼데이(주가폭락)'가 온다고 할 때
모든 종목이 다 하락하는데 당신이 가진 단 한 종목만
상승한다면 과연 주가 대폭락을 허락하시겠습니까?
으하하하하……. 'Of Course' 라구요?

| 골프공의 원리에서

골프공을 보면 표면이 아주 울퉁불퉁하답니다. 처음에는 표면이 아주 매끄러웠다고 합니다.

그런데 표면에 홈을 파서 굴곡을 만드는 것이 더 멀리 날아갈 수 있다는 것을 알게 된 이후로 굴곡 있는 공을 사용하게 되었다고 합니다.

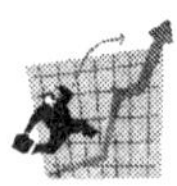

주식투자에서 매번 성공할 수는 없습니다.
성공할 때가 있으면 실패할 때도 있습니다.
한발 한발 나아가면서 수많은 시행착오를 겪다 보면
자신만의 독특한 매매비법이 형성되는 것입니다.
시행착오와 실패를 극복하고 일어서는 용기가 있다면
당신도 성공투자를 얻을 수 있습니다.

| 증시의 승자를 향하여

전쟁에서 이기고 돌아온 개선장군을 향해 군중들이 박수를 칠 때 이름 없이 죽어간 얼굴 없는 전사들을 생각하는 사람은 과연 몇이나 되겠습니까?

'조지 소로스'를 포함한 유명 펀드매니저를 알고 있습니까?
그들의 성공 사례담과 투자기법을 배워야 합니다.
개선장군이 '조지 소로스'라면
얼굴 없는 전사들은 누구입니까?
수없이 많은 투자가들 중에 바로 당신이 서 있습니다.
소리 없이 왔다가 소리 없이 사라지는
이름 없는 많은 투자가들.
하지만 저는 당신이 개선장군이 되었으면 좋겠습니다.
언젠가 당신의 투자기법을 배우고 널리 알리고 싶습니다.

| 다정하게 다가와 주세요

옛날에 박상길이라는 백정이 있었습니다.

두 양반이 그에게 고기를 사러 왔습니다.

그중 한 양반이 습관대로 "야, 상길아! 고기 한 근 다오"라고 명령하듯 말했습니다.

상길은 "네"하며 고기를 한 근 내주었습니다.

다른 양반은 나이를 제법 먹은 사람에게 반말하기가 미안해서 "박서방, 고기 한 근 주게"라고 했습니다.

상길이가 고기를 내주는데 언뜻 보아도 먼저 산 양반의 것보다 훨씬 더 커 보였습니다.

화가 난 그 양반은 "이놈아, 같은 한 근인데 이 양반 것은 많고 내 것은 왜 이렇게 적으냐?"라고 따졌습니다.

그러자 박상길은 "손님 것은 상길이가 자른 것이고, 저 손님 것은 박서방이 자른 것입니다"라고 능청스럽게 대꾸했습니다.

"내가 이 주식 사기만 하면 올라가!"하고 매수하는 경우와
"에이! 이 주식은 사기만 하면 재수가 없어!"하고 매수하는
경우에 어느 주식이 더 많이 올라가겠습니까?
항상 주식을 사고팔 때는 주식을 예뻐해 주세요.
일방적인 짝사랑은 절대 금물이지만
나는 항상 성공할 수 있다는 자신감을 가지고
당신이 사는 주식에게 다정하게 말씀해 주세요.
"나는 너에게 믿음을 줄 테니 너도 말고 따따블 OK?"

| 살기 위해 뛰기 때문에

한 마리 여우가 토끼를 쫓고 있습니다.

하지만 여우는 토끼를 잡을 수 없었습니다.

여우는 한 끼 식사를 위해 뛰지만 토끼는 살기 위해 뛰기 때문입니다.

당신은 어떤 목적으로 투자를 하고 계십니까?
단순한 소일거리로 또는 마땅한 투자대상을 찾지 못해서
투자에 성공하면 좋고 안 되도 그만이고 등등
그러나 성공투자를 원한다면 최선을 다하시기 바랍니다.
다소 능력이 부족하여도 진정으로 도전한다면
자신도 모르는 커다란 능력을 발휘하게 될 것입니다.
살기 위해 도전한다면 성공투자는 바로 당신의 것입니다.

제 2 장

증시산책

| 투자금액 빨리 날리는 비법은

'건강'을 역설적으로 강조한 하버드대학 영양학 교수 진 메이어의 '남편 빨리 죽게 만드는 법' 중 일부를 소개합니다.

① 고기요리에 백설탕을 매일 듬뿍 먹여라.
② 음식을 짜게 만들어 먹여라.
③ 못 걷게 하라.
④ 커피나 홍차에 백설탕을 듬뿍 넣어 주어라.
⑤ 담배를 마음껏 피우게 하라.
⑥ 매일 밤늦게까지 잠들지 못하게 하라.
⑦ 여행도 못하게 하라.
⑧ 늘상 바가지를 긁어라.

'성공투자'를 역설적으로 강조한 저자의 '투자원금 빨리 날리는 비법' 중 일부를 소개하겠습니다.

① 항상 신용거래를 즐겨하라.
② 계좌에 여윳돈을 남기지 마라.
③ 수익률만을 생각하고 투자하라.
④ 주가가 하락하면 과감하게 물타기 하라.
⑤ 떠도는 정보를 모두 신뢰하고 투자하라.
⑥ 무리가 되더라도 돈을 빌려서 투자하라.
⑦ 상승하는 종목은 무조건 추격 매수하라.
⑧ 가능하면 뇌동매매를 하라.

| 너무도 간절히 갖고 싶어

아름다운 털가죽을 가진 호랑이가 있었습니다.

지나가던 한 여인이 그 호랑이와 만났습니다.

그 여인은 태양 아래 반질반질 윤이 나는 호랑이 털가죽에 반해 버렸습니다.

'저 호랑이 털로 코트를 만들어 몸에 두를 수만 있다면 너무 행복할 텐데…….'

호랑이는 여인의 적당히 오른 흰 살집을 보며 군침을 삼켰습니다.

'저 여자를 입에 넣을 수만 있다면 오늘 점심식사는 해결될 텐데…….'

여인은 호랑이 윤나는 털가죽이 너무도 간절히 갖고 싶어 호랑이와 의논하고 싶었습니다. 둘은 합의를 위해 동굴로 들어갔습니다.

잠시 후, 여인은 소원을 이루게 되었습니다.

동시에 호랑이도 점심이 해결되었습니다.

여인이 호랑이에게 들어간 것입니다.

새롬기술, 다음, 핸디소프트 등 코스닥시장이 큰 폭으로 상승하던 시절이 있었습니다. 5천원 하던 새롬기술이 단기간에 25만원 가까이 폭등하였습니다.

5만원, 10만원, 15만원, 20만원을 기록하면서 매일 올라가는 폭등주를 바라보던 어느 투자가는 할 말을 잃어 버렸습니다.

'나도 저런 주식 한번 사보면 소원이 없겠다.'

폭등주는 돈 많고 넋을 잃은 투자가를 바라보며 군침을 흘리고 있습니다.

'저런 투자가라면 상투물량을 마음껏 넘겨주고 싶다.'

투자가와 폭등주는 합의를 하였습니다.

결국 넋을 잃은 투자가는 상투물량을 욕심껏 갖게 되었습니다.

| 우산장수와 옹기장수

날마다 걱정거리를 안고 사는 사람이 있었습니다.

그에게는 두 딸이 있었는데 큰 딸은 우산장수에게 시집을 가고 작은 딸은 옹기그릇을 만드는 사람에게 시집을 갔습니다.

딸들을 시집보낸 어머니는 딸들 걱정 때문에 밤잠도 제대로 못 자고 음식도 제대로 먹지 못했습니다.

날씨가 화창하면 큰 딸 우산이 팔리지 않아서 걱정이고 비가 오면 작은 딸 옹기그릇이 잘 구워질까 걱정이 되었습니다.

주식투자를 하다 보면 대형주도 사게 되고 중소형 개별주식들도 사게 됩니다.

대형주가 상승하는 날에는 중소형 개별주식이 조정을 받게 되고 중소형 개별주식이 오르는 날에는 대형주가 조정을 받는 경우가 흔히 있습니다.

대형주가 오르는 날에는 하락하는 중소형주를 바라보면서 초조하고 중소형주가 상승하는 날에는 하락하는 대형주가 걱정되어 불안해합니다.

매일 하락하는 주식만을 보면서 걱정하지 말고 조금만 생각을 바꾸어 보세요. 이제는 오르는 주식을 먼저 생각하면 주식투자가 즐거워질 것입니다.

다음에는 잘할 수 있어요

어떤 아이가 “내가 소년이 되면 …” 하고 후일을 기약합니다. 막상 그가 소년이 되면 “내가 장성하게 되면 …” 하고 미루게 됩니다. 장성한 이후에는 또 “결혼을 하게 되면 …” 하고 말을 합니다.

그 후에는 또 무엇을 말하겠습니까? “내가 은퇴를 하면 …” 으로 바뀌게 됩니다. 은퇴시기가 오면 그는 지나온 일들을 회상하게 될 것입니다. 그러나 싸늘한 바람만 남아 있을 뿐 지난 인생은 이미 놓친 것입니다.

그리고 마침내 그는 죽음을 맞이하게 됩니다.

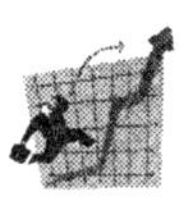

주식투자를 하다 보면 하루하루가 아쉽게 지나갑니다. “아! 오늘 삼성전자를 20만원에 샀어야 했는데!” 하고 살까 말까 고민하다가 30만원까지 올라간 주식을 바라보며 후회하고 있습니다. 그러면서 “내일은 꼭 실수하지 않을 거야!” 하고 다짐을 합니다

내일이 오면 또 다시 망설이게 됩니다. “아, 한국전력을 6만원에 팔았어야 했는데!”하고 4만원까지 떨어진 주식을 아까워하며 후회하고 있습니다. 또 “내일은 정말로 잘할 거야!” 라고 다짐하고 있습니다.

내일, 내일은 잘해야지 하면서 하루하루가 흘러가고 있습니다. 아쉬움이 쌓이고 다시는 이런 실수를 하지 말아야지 하며 잔고를 살펴봅니다. 이미 남아 있는 금액은 거의 없고 원금이 바닥을 보이고 있습니다.

| 욕심이 너무 많아서

향긋한 냄새를 맡고 찾아온 배고픈 파리가 꿀단지에 앉아 꿀을 핥아먹기 시작했습니다. 한참 배고픈 터라 꿀맛에 끌린 파리는 처음에는 꿀단지 언저리에 돌면서 꿀을 먹다가 양에 차지 않아 꿀단지 속으로 들어가 버렸습니다. 꿀단지 속에 빠진 파리는 날개가 꿀투성이가 되어 날아갈 수가 없게 되었습니다. 이때 나방 한 마리가 날아와 꿀 속에 파묻혀 꼼짝을 못하는 파리에게 핀잔을 주었습니다.

"이 어리석은 파리야! 너는 꿀 속에 빠질 만큼 욕심이 많구나!"

빈정대는 나방 앞에서 파리는 할 말이 없었습니다.

저녁이 되어 등불이 하나하나 켜지기 시작했습니다.

나방은 환히 비치는 등불 주위를 빙글빙글 돌면서 등불 가까이 다가가다 그만 불에 타고 말았습니다.

꿀 속에 파묻혀 이 장면을 본 파리가 말했습니다.

"너도 어리석은 놈이로구나. 타 죽는 줄도 모르고 자기 정욕대로 행동하다니···."

결국 먹이에 욕심을 내던 파리나 현란한 불빛을 찾아 헤매던 나방 모두 죽고 말았습니다.

불나방이 되어 단기간에 높은 수익률을 올릴 수 있는 급등주나 작전주만을 찾아다니는 투자가들이 더러 있습니다.

한두 번 정도 작전주로 재미를 본 이후에는 그 환상에서 벗어날 수가 없습니다. 안전주인 우량 대형주에는 전혀 관심이 없습니다. 오직 불나방이 되어 작전주에만 몰두하게 됩니다. 작전주는 단기간에 고수익만 가져다주지 않습니다. 한 번의 실패로 모든 원금이 한순간에 날아가는 매우 위험한 투자입니다. 뒤늦게 알게 되지만 이미 때는 늦었습니다.

| 자신감의 차이에 따라서

다윗이 힘센 골리앗과 싸워서 이길 수 있었던 이유는 간단합니다.

구척의 장군 골리앗과 다윗의 싸움에서 백성들은 겁을 먹고 싸우기를 꺼려했습니다.

"때려눕히기에는 너무 크다!"

그러자 다윗이 말했습니다.

"내가 던질 물맷돌의 표적이 커서 좋다!"(확인한 바 없음)

이런 걸 자신감의 차이라고 하나요?

주가가 연일 하락하면서 상승종목수가 100여 개에 불과하고 하락종목수가 500여 개를 넘고 있습니다.

"어휴, 하락종목수가 500개가 넘으니 사방이 지뢰밭이야!"

증시의 다윗이 말했습니다.

"상승종목수가 100개를 넘어서고 있으니 징검다리가 너무 많아 좋구나!"(말도 안 된다고요? 다윗은 가능하답니다!)

| 주식과 일정한 거리를 유지하세요!

우리는 흔히 사랑한다는 이유로 애인이나 아내를 또는 아이들을 마치 무슨 물건처럼 소유하고 지배하려고 합니다.

진정한 사랑은 상대를 '독립된 대상'으로 인식해야 하며 자기 자신은 상대에게 늘 '위안'을 주는 사람이 되어야 합니다.

칼린 지브란은 이렇게 말했습니다.

"함께 서 있어라. 하지만 너무 가깝게 붙어 서지 마라. 사원의 기둥들은 서로 떨어져 서 있으며 떡갈나무와 삼나무는 서로의 그늘에 가리면 자라지 못하는 법이다."

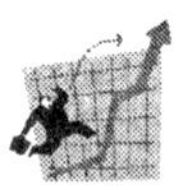

주식투자를 좋아한다고 주식을 소유하려고 하지 마십시오. 또한 절대로 주식을 짝사랑해서도 안 됩니다.

주식을 소유하더라도 항상 일정한 거리를 두고 보유하시기 바랍니다.

또한 함께 서 있어도 너무 가깝게 서 있으면 안 됩니다. 오전에 만났다 하더라도 오후에는 다시 헤어질지 모릅니다.

당신이 주식에게 주는 애정만큼 주식이 당신에게 애정을 가져다주지 않을 것입니다. 때로는 당신에게 커다란 실망을 안겨 줄 수도 있습니다. 항상 좋은 관계를 유지하기 바란다면 일정한 간격을 두고 만나시기 바랍니다.

'가까이 하기에는 너무 먼 당신'이란 노래 가사가 갑자기 떠오릅니다.

| 목적지에 무사히 도달하려면

목적지를 가지고 있습니까?

안개가 짙게 깔린 새벽길을 운전하고 있습니다. 도저히 앞을 분간할 수가 없던 순간에 앞서가는 차의 희미한 미등이 눈에 보이기 시작합니다. 저 불빛을 따라가면 되겠구나 하고는 운전을 합니다. 약간 불안한 마음을 품으면서 앞차에게 내 차의 운명을 맡기고 있습니다.

얼마가지 않아 '꽝'하고 앞차와 부딪치는 소리에 또는 안개가 사라지고 사방을 둘러보고 나서 정신을 차렸다고 가정을 해 봅시다.

과연 내가 원하던 목적지에 무사히 도달하였는지 궁금합니다.

주식을 사기 전에 왜 이 주식을 매수하는지 생각해 보셨습니까?

혹시 투자방법을 모르고 무작정 사고팔고 있는 것은 아닌가요?

어떻게 해야 될지 고민하고 있는 도중에 혜성같이 나타난 도사(?)를 만나서 좋은 종목을 하나 얻지는 않았습니까?

아니면 도사와 똑같이 사고팔면서 나의 운명을 도사에게 맡기고 있지는 않습니까?

'꽝'하는 소리에 또는 투자원금이 바닥 난 이후 정신을 차리면 아무 소용이 없습니다.

처음부터 목적지를 정하고 소신껏 앞으로 나가기 바랍니다.

| 어머니의 사랑과 수익률

유대인의 전설에 나오는 이야기입니다.

하나님께서 천사 가브리엘을 세상에 보내 가장 아름다운 것을 구해 오게 하셨습니다. 명을 받은 가브리엘은 세상을 두루 살피는 중 가장 아름답게 보인 세 가지를 구했습니다. 첫째는 아름답게 핀 장미꽃 한 송이였고, 둘째는 갓난아기의 방긋이 웃는 모습이었으며, 셋째는 어머니의 사랑이었습니다.

그런데 가브리엘이 돌아오는 길에 한참이나 지체하여 그가 하나님 앞에 돌아왔을 때 꽃은 시들어 보기 흉하게 되었고, 갓난아기는 자라 어느덧 아기의 티를 벗었으나, 어머니의 사랑은 여전히 아름다웠습니다.

참으로 어머니의 사랑은 한결같이 아름다우며 희생적이고 영원하고 숭고합니다.

하나님께서 주식투자의 왕인 주신(株神)에게 세상에 나가 가장 수익률이 좋은 종목 세 가지만 선정해 오라고 명하셨습니다.

명을 받은 주신은 주식시장을 두루 살펴보고는 가장 수익률이 돋보이는 세 종목을 선택하였습니다. 첫째 반도체 가격이 상승하고 있는 삼성전자, 둘째 수출관련 대표주인 현대자동차, 셋째 향후 수익성 전망이 좋은 포항제철이었습니다.

돌아오는 길에 혹시나 하며 코스닥시장을 마저 둘러보고 오다가 잠시 지체하여 하나님 앞에 왔습니다. 돌아와 보니 반도체 가격이 다시 하락하면서 삼성전자는 이미 큰 폭으로 하락하였습니다. 현대자동차는 미국경기가 나빠지면서 수출이 둔화되고 주가가 하락하고 있었습니다. 포항제철은 외환시장이 불안해지며 예상치 않게 환차손이 커지면서 수익성이 악화되었습니다.

참으로 주식시장에서는 어머니의 사랑처럼 옛날이나 지금이나 한결같은 투자지표가 없습니다.

| 1%의 수익률을 아끼는 마음으로

사람들 가운데는 백(100)을 추구하면서 '하나(1)'를 소홀히 여겨 늘 '영(0)'에 머무는 사람이 있습니다.

백을 갖고 싶다면 먼저 '하나'를 소중히 여길 줄 알아야 합니다.

'하나'를 만드는 데는 인내력이 필요합니다. '영'에서 '하나'를 만들고 소중히 하는 것을 배우면 뜻밖에도 '백'을 만드는 것은 쉬운 일이 되기도 합니다.

처음부터 일확천금을 노리는 사람들의 결과를 보십시오. 그들은 늘 아무것도 얻지 못합니다.

위대한 상인이나 기업인 등 성공한 투자가들을 보면 모두 '영'에서 '하나'를 만드는 소중함을 잘 알고 있던 사람들입니다.

당신이 원하시는 수익률이 100% 돌파입니까?

100% 돌파를 위해서 먼저 1%를 얻기 위해 노력하십시오. 1%라도 더 얻기 위해 노력한다면 원하는 100%에 도달할 수 있습니다.

| 희망을 버리지 말아야

"호랑이에게 물려가도 정신만 차리면 된다."

"하늘이 무너져도 솟아날 구멍이 있다."

이 격언은 포기하지 않으면 해결될 수 있는 길이 열린다는 것을 뜻하고 있습니다.

어떤 사람이 두 개의 우유통을 두었는데 그 두 통에 각각 개구리가 한 마리씩 빠졌습니다. 아침에 주인이 나가 보니 한 통의 개구리는 살아있고 다른 한 통의 개구리는 죽어 있었습니다.

그 원인을 살펴보았습니다. 한 개구리는 살겠다고 끝까지 다리를 움직이고 헤엄을 쳐서 우유가 굳지 않아 살았고 다른 개구리는 처음에는 버둥거려 보았지만 나중에는 포기하여 움직이지 않았으므로 우유가 굳어져서 죽었던 것입니다.

끝까지 노력하는 자에게 생명의 길은 열리게 됩니다.

주식투자를 하다 보면 여러 번의 고비를 맞게 되고 심지어는 하루에도 몇 번씩 어려움에 직면하기도 합니다.

투자에 성공하기 위해서는 수많은 어려운 고비를 모두 통과하여야 합니다. 한두 번 직면하는 고비에서 주저앉고 만다면 성공투자를 얻을 수 없습니다.

끝까지 포기하지 않고 수많은 고비를 잘 개척해 나가는 자만이 원하는 목표를 쟁취할 수가 있습니다. 투자도 마찬가지입니다.

| 위험에서 벗어나는 지혜

아테네에 미노타우루스라는 괴물이 있어 젊은 남녀를 희생양으로 삼아 먹어치워 사람들이 불안에 떨었습니다. 용사 테세우스가 괴물을 잡기 위해 미궁으로 들어가기로 했습니다.

괴물을 퇴치하더라도 다시 돌아 나오기가 어려운 굴속으로 들어갈 때 미노스 왕의 딸인 아리아드네 여신이 실을 감아 만든 실 뭉치를 테세우스에게 주어 들여보냈습니다.

테세우스는 괴물을 물리치고 아리아드네 여신이 준 실을 따라 무사히 밖으로 나올 수 있었습니다.

증권시장에서는 많은 건전 투자가들의 귀중한 쌈짓돈들이 작전세력이나 내부자거래를 일삼는 괴물들의 미궁에 빠져 피해를 보고 있습니다.

당장 괴물들을 퇴치하지는 못한다 하더라도 실수로 미궁에 빠졌을 때 굴속을 무사히 빠져 나올 수 있는 아리아드네 실은 항상 가지고 있어야 하겠습니다.

미궁에 빠지지 않기 위해서 항상 이동평균선 위에 있는 종목만을 선정하는 것도 하나의 방법입니다. 실수로 미궁에 빠졌을 경우에는 손절매나 선물거래를 통하여 손실을 보전하는 방법을 선택하는 것이 중요합니다.

항상 당신만의 아리아드네 실을 갖고 있기를 바라며 미궁에서 무사히 빠져 나오기를 바랍니다.

| 자신감을 가지고

영웅 노부나가 장군이 1대 10의 불리한 병력으로 적진을 공격하기로 결심하였습니다. 그는 승리하리라는 확신에 차 있었지만 부하들은 그렇지 않았습니다.

공격목표를 향해 전진하던 중에 묵념을 마친 노부나가는 큰 소리로 외쳤습니다.

"내가 지금 이 동전을 위로 던져 땅에 떨어뜨리겠다. 만일 동전 앞쪽이 나오면 우리는 반드시 이길 것이다. 그러나 뒤쪽이 나오면 우리는 패할 것이다. 자! 이제 우리들의 운명이 결정되는 순간이다."

장군은 동전을 높이 던졌습니다.

놀랍게도 동전은 앞쪽이 나왔습니다. 병사들의 사기는 높아졌고 그래서 신들린 듯 싸워 이겼습니다.

그 동전은 양면이 똑같은 동전이었습니다.

어떤 상황에 처해 있더라도 모두 마음먹기에 따라 그 결과가 달라질 수 있습니다. 삼성전자를 분석하고 나서 올라갈 수 있다는 확신을 가지고 매수하게 되는 경우 성공할 수 있는 확률은 높아질 것입니다.

투자하기 전에 '꼭 성공하겠다!'는 확신이 강한 경우와 '글쎄 성공할 수 있을까?'하고 망설이는 경우를 생각해 보시기 바랍니다. 아마도 그 결과에는 많은 차이가 있을 것입니다.

항상 자신감을 가지고 투자하여 주시기 바랍니다.

| 한 우물을 파는 마음으로

어느 날 스승이 제자들을 데리고 들판으로 갔습니다.

마침 들판에는 한 농부가 몇 달 동안 우물을 파고 있었습니다. 그 농부는 한 곳을 십 피트쯤 파다가 물이 나오지 않으면 다른 곳을 팠습니다. 그렇게 해서 아홉 개의 구덩이를 팠으며 지금은 열 번째 구덩이를 파고 있었습니다. 그러다 보니 들판은 온통 헤쳐지고 엉망이 되었습니다.

스승이 제자들에게 말했습니다.

"저 멍청이처럼 행동하지 말아라. 만일 그가 한 구덩이를 파는 데에만 힘을 쏟았다면 물이 아무리 깊은 곳에 있다 해도 지금쯤 물을 찾았을 것이다. 그런데 이 구멍 저 구멍을 파느라고 쓸데없이 힘을 낭비하였고 물도 찾지 못하였다. 쯧쯧, 불쌍한 사람!"

한 가지 예로 주가분석을 공부하시는 분들에게 말씀드립니다. 차트공부를 한다고 시작하지만 할 때마다 생각대로 잘 맞지가 않습니다. 다음에는 친구들을 통해 정보를 수집하여 매매에 이용하지만 결과가 좋지 않습니다. 다음에는 각 기업들의 실적을 수집하여 분석하고 매매에 이용해 보지만 결과는 역시 마찬가지입니다.

이 방법 저 방법을 모두 사용해 보았지만 생각만큼이나 잘 해결되지가 않습니다. 따라서 처음부터 한 가지 방법을 신중하게 선정하여 끝까지 공부하여 보시기 바랍니다. 저는 당신께 차트공부를 권해 드립니다.

| 작은 이익보다는 큰 이익을 위하여

작은 것에 집착을 하면 더 크고 중요한 것은 놓치게 됩니다.

호기심 많은 사람이 갖가지 식물과 곤충 그리고 동물들을 볼 수 있는 자연관에 구경을 갔습니다. 구경을 다하고 오는 길에 친구를 만났습니다.

전부 둘러보고 난 후라 친구에게 할 말이 많았습니다.

어느 동물과 새를 그곳에서 보았으며 이름도 모르는 나비와 나방종류, 딱정벌레와 풍뎅이, 모기와 파리 따위의 곤충들에 이르기까지 자세하게 설명했습니다. 어떤 것은 에메랄드 같고 또 어떤 것은 산호모양을 하고 있었으며 또 바늘 끝보다 더 작은 것도 보았다고 자랑했습니다.

이야기를 듣고 있던 친구가 말했습니다.

"그럼 코끼리도 보았겠군. 아마 태산처럼 앞을 가로막고 있었을 텐데?"

"아니, 거기에 코끼리가 있었어? 정말? 그런데 왜 내겐 안 보였을까?"

작은 것들만 보다 보니 큰 것이 보이지 않았습니다.

또한 단기투자에만 관심을 갖게 되면 큰 흐름을 볼 수가 없습니다. 하루하루 푼돈벌이 즐거움에 만족하다 보니 왠지 당장 수익이 없는 장기투자는 허전하기만 합니다. 투자를 하고 있다는 느낌이 없습니다. 작은 것에 만족을 느끼며 단기투자에 젖어들면 큰 흐름을 놓칠 수밖에 없습니다.

| 잘못을 빨리 인정하는 자세

인간은 누구나 실수하거나 실패할 수 있습니다. 따라서 실수나 실패 그 자체를 부끄러워 할 필요는 없습니다.

실수나 실패 이후에 어떻게 대처하느냐에 따라 한 사람의 인생이 백팔십도 달라집니다. 실수나 실패를 인정하고 기꺼이 받아들이면 그의 미래는 밝아집니다.

그러나 실수나 실패 앞에서 자기변명으로 스스로를 위안하기에 급급하게 되면 진정한 자기발전을 저해하게 됩니다. 왜냐하면 변명은 자기의 참모습을 바라볼 수 있는 능력을 빼앗아가기 때문입니다.

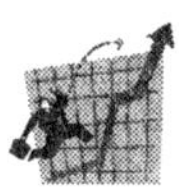

며칠 동안 분석한 끝에 삼성전자를 매수하기로 선정하였으나 자신도 모르게 순간적으로 친구를 따라 현대건설을 사게 되었습니다.

사자마자 주가는 하락하고 있습니다. 순간적으로 잘못 샀나는 판단을 내렸습니다. 이러한 판단을 내리자마자 일부 손실을 감수하고 현대건설을 즉각 팔아 버렸습니다.

누구나 실수와 실패는 있을 수 있습니다. 그러나 중요한 것은 잘못을 빨리 인정하고 이후에 어떻게 대처하느냐 입니다.

만일 현대건설을 팔지 않고 친구에게 책임을 넘기고 나는 잘못이 없다고 변명하였다면 나는 큰 손실을 보았을 것입니다.

마음을 진정시키고 다시 삼성전자를 사게 된다면 결과는 좋은 방향으로 나올 것입니다. 그리고 이런 실수를 두 번 다시는 하지 않을 것입니다.

| 증시의 대인과 소인

승승장구 잘 되던 일이 이유 없이 막히면 대인은 자기 자신을 뒤돌아보고 좀 더 겸손해지도록 노력하지만 소인은 다른 사람의 탓으로 돌리기에 급급합니다.

대인은 중요한 일에 승부를 걸지만 소인은 모든 사소한 일에도 한 치의 양보가 없습니다.

어려움 속에서도 대인은 좀 더 멀리 바라보지만 소인은 당장 어려움을 참지 못합니다.

대인은 될 수 있는 한 많은 사람에게 유익한 것이 무엇인지를 생각하지만 소인은 자신의 이익만 생각합니다.

대인은 눈에 보이지 않는 것을 보고 소인은 눈에 보이는 것만 봅니다.

대인은 이웃을 향해 사랑을 키우고 소인은 자기와 맞지 않는 사람들에 대해 미움을 키웁니다.

대인은 늘 자신을 반성하고 소인은 늘 타인을 비방합니다.

투자에 성공하면 내 탓이요 투자에 실패하면 네 탓이다!
투자에도 대인과 소인이 있습니다.

대인은 투자를 하기 전에 먼저 숲을 보고 나무를 보고 나서 나무에 열린 열매를 따고자 합니다. 가장 울창한 숲을 찾아서 가장 튼튼한 나무를 고르고 그 중에서 가장 토실토실한 열매만을 선택하고 있습니다.

그러나 소인은 숲과 나무에는 별로 관심이 없고 오직 열매만 따고자 합니다. 숲에 산불이 나고 있는지 나무가 병들어 있는지는 관심이 없습니다. 내가 딴 열매보다는 다른 열매가 더 커 보입니다. 그리고 열매가 맛이 없느니 벌레가 먹었느니 한탄만 합니다.

대인은 큰 흐름을 판단하고 투자하지만 소인은 단기흐름만을 쫓아서 바쁘게 움직입니다.

대인은 투자에 성공하고 나서 단지 운이 좋았을 뿐이라고 겸손하게 말하지만 소인은 내 실력이 최고라고 착각하고 있습니다.

대인은 투자에 실패하게 되면 내 실력이 부족했다고 반성을 하지만 소인은 단지 운이 없었다고 생각합니다.

| 적이 보내는 선물을 받아야 하나

숲 속에 호랑이 왕국과 사자 왕국이 있었습니다.

두 왕국은 늘 분쟁이 끊이지 않았고 급기야는 전쟁이 일어나게 되었습니다. 전쟁이 장기간 지속되자 양쪽 모두 생활이 황폐해졌습니다.

드디어 호랑이가 제안했습니다.

"이보게, 사자! 우리 이쯤해서 평화조약을 맺는 것이 어떻겠나? 우리 쪽에서는 고양이를 전권대사로 임명하고 자네 나라에서는 당나귀를 임명하여 세부적인 모든 것을 맡기기로 하세. 당나귀는 지혜도 뛰어나고 아주 유익한 동물이며 청렴하니 우리 고양이와 명쾌한 결말을 내어 줄 것이니 믿어 보기로 하세."

호랑이는 사자 왕국의 대신인 당나귀를 칭찬해 가면서 열성껏 제안하였고 사자 역시 아무런 반론 없이 호랑이의 제안을 받아들였습니다.

두 왕국의 전권대사가 평화조약을 조인하기 위해 협상 테이블에 앉았습니다. 호랑이 왕국에서는 예정대로 고양이가 나왔지만 사자 왕국에서는 여우가 나왔습니다. 사자는 노련했던 것입니다.

"적이 보내는 선물은 불길하다"는 말을 잊어서는 안 됩니다. 물론 적이 칭찬하는 인물을 믿을 수 없는 것은 당연한 것 아닌가요?

이미 잘 알고 있는 사항이면서 가끔 혼동하는 사항이 있습니다. 주식시장에서는 종종 적과 동지를 잘 구분하지를 못합니다. 특히 너무도 많은 루머들이 떠돌아다니고 있지만 여과 없이 믿으려하고 있습니다.

증권시장은 제로섬 게임이고 너와 내가 모두 적일 수밖에 없습니다. 외국인이나 투신사를 비롯한 기관투자가 모두 나의 적이라는 사실을 알아야 할 것입니다. 특히 어떤 특정 종목의 정보가 황금빛 일색이라면 한번쯤 더 생각해 보시기 바랍니다.

| 투자가의 네 가지 유형

어느 철학자는 인간의 유형을 곤충의 습성과 비교하여 네 부류로 나누어 정리하였습니다.

개미와 같은 사람, 매미처럼 살아가는 사람, 꿀벌 같은 사람, 거미와 같은 사람이 바로 네 부류의 사람으로 그들은 함께 한 사회에서 살아갑니다.

첫째, 개미는 세상일에 개의치 않고 오로지 자신의 먹이 준비를 위해 땀을 흘리며 열심히 일만 합니다.

둘째, 매미는 다른 사람들이 열심히 일하는 동안 시원한 그늘 아래서 낮잠 자고 노래를 부르고 하루 종일 즐깁니다.

셋째, 꿀벌은 자신이 열심히 일해서 만든 꿀을 남에게 제공하여 맛을 즐기게 하고 건강을 증진시켜 줍니다.

넷째, 거미는 일하지 않고 노래도 부르지 않으면서 자기 먹이를 얻기 위해 줄을 쳐 놓고 숨어서 기다리다가 다른 곤충이 걸려들면 이를 잡아먹고 삽니다.

우리 자신은 과연 어디에 속하는지 한번쯤 점검해 봐야 하지 않을까요.

투자가의 유형을 네 가지로 분류하여 보았습니다.

첫째, 개미와 같이 자신의 수익률만을 위하여 열심히 분석하고 매매를 합니다. 주위의 어려움에 무심하지만 때로는 주위사람들에게 은근히 자신의 종목을 권하기도 합니다.

둘째, 매미와 같이 앞날에 대한 전망보다는 현재 보유하고 있는 종목들에 만족하고 있습니다. 자신의 보유종목 이외에는 주위사람들의 보유종목에는 관심이 없어 때로는 어려움에 처하기도 합니다.

셋째, 꿀벌과 같이 희생과 봉사로 주위사람들에게 좋은 정보와 자료들을 제공해 주고 있습니다. 자신의 수익률뿐만 아니라 주위사람들의 수익률에도 많은 관심을 보이면서 열심히 노력하고 있습니다.

넷째, 거미와 같이 자신은 노력하지 않고 남들이 분석한 종목이나 정보를 몰래 입수하고자 합니다. 때로는 거짓정보를 유포하여 자신의 이득을 취득하고자 하며 주위에 많은 피해를 주기도 합니다.

당신과 당신 주위에는 꿀벌과 같은 투자가가 많이 있기를 바랍니다.

| 늘 좋은 일만 생기는 이유는

노랑나비와 흰나비가 나란히 있었습니다.

그런데 이상하게도 노랑나비에게는 늘 좋은 일만 일어나고 흰나비에게는 늘 나쁜 일만 일어나는 것입니다. 그래서 그런지 노랑나비는 늘 기뻐했고 흰나비는 늘 우울했습니다.

하루는 호랑나비가 훌륭한 봉사정신을 가졌다고 인정받아 나비들을 대표해서 표창장과 상금을 받았습니다. 노랑나비는 그런 훌륭한 나비가 자기 친구라는 것이 자랑스러웠습니다. 하지만 흰나비는 자기보다 못한 것 같은 호랑나비가 상을 받은 것이 못마땅했습니다.

며칠 동안 계속 비가 와서 집에만 갇혀 지내던 나비들이 햇빛이 나기 시작하자 밖으로 몰려 나왔습니다. 오랜만에 만난 나비들은 서로 그 동안의 안부를 묻고 인사를 나누며 이야기를 했습니다. 흰나비가 말했습니다.

"습기가 차서 벽이 다 썩고 퀴퀴해서 못살겠어. 웬 비가 그리도 많이 내린담."

노랑나비의 목소리도 들려왔습니다.

"이번 비에 설거지도 하고 우리가 좋아하는 꽃들도 키가 훨씬 커지고 날씬하게 커졌잖아."

왜 노랑나비에게는 늘 좋은 일만 생기고 흰나비에게는 나쁜 일만 생기는 것일까요?

우리가 간직하고 있는 품성에 따라 늘 기쁠 수도 있고 우울할 수도 있는 것입니다.

주식시장에는 1,300여 개의 종목들이 있습니다. 이 종목들과 친구처럼 친하게 지낼 수도 있고 아니면 원수처럼 보기 싫게 지낼 수도 있습니다. 가능하면 정다운 얼굴로 1,300여 개 종목들을 친구처럼 바라보았으면 하는 바람입니다.

어느 날 국제유가가 급등하면서 주식시장이 큰 폭으로 하락하고 있었습니다.

"오늘 또 빠져!"하고 불평하기보다는 "또 싸게 살 기회를 주는구나!"하고 생각한다면 얼마나 좋을까요.

우리의 주식시장도 마음먹기에 따라 천국과 지옥이 될 수 있답니다.

제 3 장

커피 한 잔

| 버릴 때를 알라

강을 건너기 위해 뗏목에 오르고 나서 곧 뗏목을 어디다 정착을 시키고 어디다 버릴까 하고 생각하는 사람은 일상사에서 벗어나 성공한 사람이라 말할 수 있습니다.

그러나 나귀를 타고서도 혹시 더 좋은 나귀가 없나 두리번거린다면 더 이상 성공을 이룰 수 없을 것입니다.

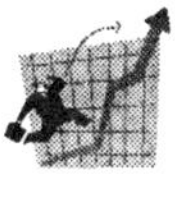

대우증권을 1만원에 사서 목표수익률 10%를 올리고 거래량이 감소하는 것을 보고 팔 생각을 하였다면 투자에 성공할 수 있습니다. 그러나 목표수익률 10%를 올리고 나서 시장분위기가 더 상승할 것만 같아 욕심을 내고 있다면 투자에 성공할 수 없을 것입니다. 또한 대우증권을 매수한 이후 매도시기를 생각하지 않고 삼성중공업을 언제 살까 고민하고 있다면 이 역시 투자에 성공하기가 힘들 것입니다.

| 항상 편안하고 여유 있는 마음으로

소크라테스에게는 말이 많고 성깔이 사나운 아내 크산티페가 있었습니다. 소크라테스같이 현명한 학자가 어찌하여 그처럼 악처를 맞아 함께 살고 있는지 누가 물었을 때 소크라테스는 태연히 대답했습니다.

"말을 탄 사람은 일부러 난폭한 말을 골라서 타지요. 그 말을 타는 데 익숙해지면 어떤 말이라도 못 탈 말이 없을 거요"

한번은 다른 친구가 또 물었습니다.

"끝도 없이 긁어대는 부인의 바가지를 어떻게 견디어 내는가?"

그의 대답은 간단했습니다.

"물레방아 돌아가는 소리도 귀에 익숙해지면 듣기가 거북하지 않은 법이지."

이런 일도 있었습니다. 어느 날 그의 부인이 바가지를 긁어대다가 마침내 성깔을 참지 못하고 한 동이의 물을 그의 머리에 들어부었습니다. 그러나 소크라테스는 점잖고 태연하게 이렇게 말했습니다.

"천둥이 쳤으니 이번에는 소나기가 지나갈밖에 …."

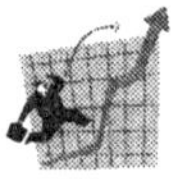

나 자신이 편안하고 가정이 화목해야 주식투자에 성공할 수 있습니다.

증권투자에 임하기에 앞서 나 자신을 먼저 다스리고 나 스스로 냉철한 판단을 내릴 수 있어야만 올바른 투자결정을 내릴 수 있습니다.

현명한 투자가라면 뛰거나 서두르지 않으며 사소한 말다툼이라도 삼가해야 합니다. 항상 편안한 마음을 유지한 상태에서 냉정하게 투자결정을 해야 합니다.

조금이라도 흥분되어 있거나 감정이 개입된 상태에서 의사결정을 내리게 되면 원하는 결과를 얻을 수 없을 것입니다.

| 달님에게 물어봐 !

한 아이가 달구경을 하다가 물었습니다.

"달아, 뾰족할 때와 둥글 때 중에서 어떤 때가 너의 진짜 모습이니?"

달이 말했습니다.

"얘야, 보이는 것을 너무 믿지 마. 뾰족할 땐 둥근 모양이 가리어져 있고 둥글 땐 그 속에 뾰족한 모양이 들어 있는 거란다."

상승하는 주가는 호재성 재료만 들립니다.
하락하는 주가는 악재성 재료만 들립니다.
악재가 많다고 해서 마냥 나쁜 것만은 아닙니다.
잠시 호재가 악재 뒤에 숨어 있을 뿐입니다.
호재가 많다고 해서 마냥 좋은 것만은 아닙니다.
잠시 악재가 호재 뒤에 숨어 있을 뿐입니다.

현명한 투자가라면 우리 눈에 보이는 것만 보는 것이 아니라 우리가 보지를 못하는 것까지 모두 볼 수 있도록 노력해야 하겠습니다.

| 상상은 자유지만

옛날에 한 홀아비가 마땅히 부쳐 먹을 땅이 있는 것도 아니어서 무엇을 할까 궁리하다가 항아리장사를 하기로 마음먹고 가지고 있던 돈을 몽땅 털어 값나가는 항아리를 하나 샀습니다.

다음날부터 그 독을 지고 이 마을 저 마을 항아리를 팔러 다녔지만 어찌된 셈인지 항아리를 사려는 사람이 쉽게 나타나지 않았습니다.

어느 날 항아리장사는 지친 몸을 이끌고 다니다가 잠시 지게를 받쳐 놓고 쉬는 사이에 즐거운 공상을 하기 시작했습니다.

〈팔게 되면 값을 두 배로 내라고 그래야지. 그러면 그 돈으로 항아리를 두 개 사고, 두 개를 팔면 다시 네 개가 되고, 네 개를 팔면 다시 여덟 개가 되고, 여덟 개를 …… 이번에는 열여섯 개 …….〉

이런 공상 속에서 돈이 점섬 늘어나게 되고 항아리장사는 어느새 벼락부자가 되어 버렸습니다. 그 돈으로 대궐 같은 집도 사고, 논과 밭도 장만하고, 미인을 아내로 맞아 아들딸도 낳고…….

공상 속에서 기분이 좋아진 항아리장사는 일어나서 춤을 덩실덩실 추기 시작했습니다. 그런데 기분이 너무 좋았던 것이 화근이 되어 춤을 추다가 지게 작대기를 잘못 건드리는 바람에 지게가 앞으로 넘어지게 되었습니다. 항아리는 그만 박살이 나고 말았습니다.

현대자동차를 3만원에 100주를 사고 나서 가격이 변할 때마다 수시로 계산기를 두들겨 봅니다.

700원 올라가니 7만원을 벌게 되는구나!

1,500원이 올라가니 15만원을 벌게 되는구나!

3,000원 올라가면……!. 생각만 해도 가슴이 뛰었습니다.

또한 900원 올라가다가 300원이 하락하게 되면 30만원을 손해 본 것 같아 가슴이 아파오고 갑자기 입맛이 없어지기 시작합니다.

오늘 500원 올라갔으니 내일 또 500원만 올라가 준다면…….

3만원에 샀으니 만약에 4만원까지 올라가 준다면…….

현대차에서 30% 수익률 올리고 나서 그 돈으로 POSCO를 사고, POSCO에서 20% 수익률 올리고 나서 그 돈으로 국민은행을…….

상상은 자유입니다. 그러나 증권투자는 과정도 중요하겠지만 결과가 무엇보다도 중요합니다. 또한 막연한 기대감보다는 냉정한 현실 파악이 중요하다고 생각합니다.

그리고 수시로 변하는 가격변동에 수시로 좌우되기보다는 정확한 주가예측과 예상 가능한 목표가격 설정이 중요하다고 생각합니다.

| '단맛'과 '거품상승'

우유를 팔아 생계를 유지하던 한 노파가 있었습니다. 어느 날 노파는 우유 항아리를 둘러메고 시장에 내다 팔려고 길을 나섰습니다. 도중에 노파는 미륵나무 열매가 가득 열려 있는 것을 보고 몇 개 딴 다음에 나무 아래 앉아서 열매를 먹었습니다.

그 열매가 매우 달아 노파는 물을 먹기 위해 근처에 있는 우물로 갔습니다. 거기에는 한 젊은이가 물을 길고 있어서 물을 조금 얻어 마셨습니다. 그런데 입안에 남아 있는 단맛 때문에 물맛이 마치 꿀맛 같았습니다.

신기하게 생각한 노파가 젊은이에게 물었습니다.

"어떻게 우물물이 이렇게 달 수 있을까? 마치 꿀맛 같네 그려."

"그렇습니까?"

"저기 있는 내 우유 한 항아리와 당신이 뜬 우물 한 항아리를 바꾸면 어떻겠소?"

그 젊은이는 속으로 얼씨구나 하면서 얼른 노파의 말대로 우유와 물을 바꾸고는 사라져 버렸습니다. 노파 역시 기분이 좋아라하며 집으로 돌아왔습니다.

노파는 집으로 돌아와 항아리 속에서 물을 한 사발 떠서 마셨습니다. 그런데 그때는 이미 입 속에 열매의 단맛이 남아 있지 않았으므로 이상하게도 물에서 아무런 단맛을 느끼지 못했습니다. 그래서 이웃집 사람을 불러 물맛을 보게 하였습니다.

물을 마시고 난 이웃집 사람이 노파에게 말했습니다.

"이 물에서는 나뭇잎 썩은 냄새가 나서 도저히 마실 수가 없소! 왜 이물을 맛보라는 거요?"

그 말을 듣고 노파는 다시 물을 떠서 물맛을 보았습니다. 그랬더니 과연 나뭇잎 썩은 냄새가 났습니다.

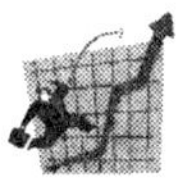

우유와 썩은 물을 맞바꾼 노파가 어리석었다고 느껴지십니까? 당신이라면 당연히 이런 실수를 범하지 않으시겠지요? 과연 그럴까요?

한국통신 주식이 2만원에서 10만원까지 단숨에 큰 폭으로 상승세를 보였습니다. 한국통신을 과감하게 매매했던 사람들은 모두 다 큰 폭의 수익률을 얻을 수 있었습니다.

처음에는 다소 불안하였지만 한국통신만 사면 모두다 큰 돈을 벌 수 있다고 믿게 되었습니다. 실제로 뒤늦게 8만원에 들어간 친구도 높은 수익률을 얻고 나왔습니다.

이제는 망설일 필요가 전혀 없었습니다. 한국통신이 앞으로 20만원 이상 올라간다는 분석 자료도 발표되었으니 더 이상 걱정할 필요가 없었습니다. 한국통신을 사기만 하면 돈을 벌 수 있다고 믿게 되었고 남들처럼 크게는 욕심을 안내고 나는 10% 수익률만 내고 나와야지 하고 사게 되었습니다.

더구나 10만원을 전후하여 잠시 흔들리고 있어 "남들보다 더 싸게 살수도 있으니 얼마나 다행인가"하고 마음 놓고 매수하게 되었습니다.

그렇지만 입안에 단맛이 더 이상 남아 있지도 않았고 한국통신도 더 이상 올라가지를 않았습니다. 알고 보니 썩은 물이었듯이 알고 보니 거품상승에 폭락만이 기다리고 있었습니다.

| 품질이 먼저 소문이 먼저?

먼 옛날에 있었던 이야기입니다.

조그만 나라에서 홀로 열심히 수행하여 경전에 통달한 스님이 있었습니다.

어느 날 스님이 커다란 사원을 방문하게 되었는데 마침 그곳에서는 성대한 제사가 열리고 있었습니다. 그런데 스님의 옷이 무척 초라하자 사원의 문지기가 가로막고 들어오지 못하게 했습니다.

그러자 스님은 친구 집에 가서 좋은 옷을 한 벌 빌려 행색을 그럴듯하게 차려입고 다시 사원으로 갔습니다. 이번에는 문지기가 스님을 굽실거리며 맞이하고 안으로 안내했습니다.

사원 안에 있던 사람들은 스님에게 여러 가지 맛있는 음식들을 권했습니다. 그런데 스님은 앞에 차려진 진수성찬을 먼저 자신의 옷에 바르고 나서 먹기 시작했습니다. 그 모습을 보고 이해가 안 간다는 표정으로 사람들이 스님에게 물었습니다.

"맛있는 음식을 드렸더니 어찌 옷에 바르십니까?"

그러자 스님이 조용히 미소를 지으며 대답했습니다.

"사실은 제가 예전에 이곳을 찾았으나 문지기가 저의 모습이 초라한 걸 보고 문을 안 열어주었습니다. 그래서 옷을 빌려 입고 나서야 이 자리에 앉아 맛있는 음식을 먹을 수 있게 되었습니다. 이것은 좋은 옷 때문에 생긴 복이라 먼저 옷에게 음식 맛을 보이게 하려는 것이오."

아무리 품질이 우수한 상품이 있다 하더라도 포장이 단정하지 않다거나 모든 사람들에게 홍보가 잘 되어 있지 않다면 더 이상 판매하기는 힘들 것입니다.

백두전자는 내재가치가 뛰어나고 성장성이 우수한 주식입니다. 그러나 투자가들이 이 주식의 실제 가치를 인정하지 못하고 매수할 의사가 없다면 이 주식은 더 이상 상승하지 못할 것입니다.

한라전자는 내재가치가 초라하고 부도위험이 매우 높은 주식입니다. 그러나 외견상 우수한 기업으로 소문이 잘 전달되어 있어 많은 투자가들에게 좋은 반응을 얻고 있다면 이 주식은 곧 상승하게 될 것입니다.

백두전자의 경우 매수 이후에 장기간 횡보과정을 거칠지는 모르지만 큰 손실은 없을 것입니다. 반면 한라전자의 경우 사자마자 큰 폭으로 상승할지는 모르겠지만 머지않아 커다란 손실을 볼 수도 있습니다.

성공투자의 비결은 아직 겉으로는 드러나지 않았지만 내재가치가 뛰어나고 성장성이 뛰어난 주식을 발굴하는 것입니다. 발굴 이후에 주식을 소리 없이 매수하고, 이후 모든 투자가들에게 이 주식의 실제 내재가치를 널리 알리는 일이 무엇보다도 중요할 것입니다.

| 죽었다가도 다시 살아나는 것은

어두운 밤이 지나가면 반드시 밝은 아침이 찾아옵니다.

추운 겨울이 지나가면 반드시 따스한 봄이 다시 찾아옵니다.

〈바람과 함께 사라지다〉의 여주인공 스칼렛 오하라는 사랑하는 사람이 떠나고 혼자 남게 되자 "내일은 또 내일의 태양이 떠오른다!"고 독백하며 스스로를 타이르고 있습니다.

그리스 신화를 보게 되면 지혜의 여신 아테네가 유독 부엉이를 사랑합니다. 사랑하는 이유는 부엉이가 어두운 밤에도 사물을 잘 볼 수 있기 때문입니다. 어둠과 어려움 속에서도 절망하지 않고 빛을 찾고 희망을 가지는 것이 바로 지혜로움입니다.

끝이 없이 하락하기만 하는 증권시장을 바라보면서 우리는 모든 것을 체념하기도 하며 이제는 더 이상 희망이 없다고 생각하기도 합니다.

'지하실 밑에 또 지하실'을 이야기하며 이 상황에서 주가 반등이란 있을 수도 기대할 수도 없다고 판단하고 더 이상의 희망을 포기하기도 합니다.

하지만 '죽었다가도 다시 살아나는 것'이 바로 증권시장입니다. 어둠이 깊어 갈수록 내일의 밝은 태양은 더 가까이 다가오고 있음을 기억해야 합니다. 새롭게 시작되는 내일의 태양을 기꺼이 맞이할 준비를 하면서 희망을 잃지 말아야 하겠습니다.

깡통과 담보부족이 거름이 되어 새로운 생명이 탄생하게

됩니다. 승자와 패자가 모두 함께 공존할 수 없는 곳이 바로 증권시장입니다. 따라서 어둠과 패자를 뒤로하고 희망과 승자가 고개를 드는 곳이 바로 증권시장입니다.

| 삼밭에 난 쑥은 곧게 자란다!

"삼밭에 난 쑥은 곧게 자란다!"는 옛말과 또 "먹 가까이 가면 검은 물이 든다!"는 옛말이 있습니다.

사람들은 알게 모르게 주위환경에 지배를 받으며 살아가고 있습니다. 어떤 사람도 스스로 열심히 살기를 원하지 않는 사람은 없습니다. 정도의 차이는 있을망정 자신만은 열심히 살아가고 있다고 자위하면서 남들로부터도 그렇게 인정받기를 원하고 있습니다.

모든 투자가는 '짧은 시간에 높은 수익률'을 올리고 싶어합니다. 높은 수익률을 올리기 위해서는 주가분석을 열심히 해야 합니다.

주가분석을 열심히 하기 위해서는 주위환경에 영향을 받을 수 있도록 우호적인 분위기가 형성되어 있어야 합니다.

만일 주가분석은 하지 않고 요행만을 바라는 투자가들이 주위에 많이 있다면 당신도 요행만을 바라며 투자하게 될 것입니다.

모두들 열심히 공부해서 높은 수익률을 올리고자 노력한다면 함께 성공투자를 성취할 수 있을 것입니다.

| 여러 가지 즐거움을 찾아보세요

이지란은 본래 여진사람으로 태조 이성계를 도와 조선 건국에 큰 공을 세운 인물입니다.

조선이 건국되고 어느 정도 나라의 기틀이 잡히자 그는 벼슬에서 물러나 중이 되기로 결심하고 태조에게 아뢰었습니다.

"임금을 도와 나라를 세웠으니 이제 제 할 일은 다한 것 같습니다. 조정에서 물러나 이름 없는 일개 승려로 여생을 마치고 싶으니 허락하여 주소서."

상소문과 함께 자신의 상투마저 잘라 올린 것을 보고 태조는 이내 만류할 생각을 버렸습니다.

벼슬에서 물러난 이지란은 철저히 자신의 신분을 숨기고 외부 사람들도 전혀 만나는 일없이 불도만 닦다가 72세로 일생을 마쳤습니다.

그래서 그와 함께 나라의 건국에 공을 세웠던 많은 사람들이 뒷날 갖가지 정변으로 참화를 당했던 것과는 달리 오래 명예를 보전할 수 있었습니다.

느낀 점이 무엇인가요?

즐거움에도 한 가지만 있는 것이 아니라 여러 가지가 있다는 것입니다. 한 가지 즐거움에만 너무 집착하다 보면 오히려 역효과가 나올 수도 있습니다.

증권투자에 있어서도 마찬가지입니다. 삼성전자에서 높은 수익률을 올렸다고 해서 삼성전자만을 집착하다 보면 오히려 얻었던 수익률마저 모두 잃어버릴 수도 있습니다.

따라서 삼성전자에서 만족할 만한 수익률을 얻었을 경우 더 이상의 미련을 갖지 마시고 다른 종목을 분석해 보는 것이 현명한 투자방법이라 생각됩니다.

| 자신에게 맞는 매매전략을 찾아라

시골 농부나 시골 늙은이에게 누런 닭고기와 텁텁한 막걸리에 대해 이야기를 하면 모두들 군침을 삼키며 맞장구를 치며 좋아합니다. 그러나 고관대작들이 즐겨 먹는 고급 요리에 대해 말을 하면 전혀 알아듣지를 못합니다.

또 시골사람들에게 무명 두루마기나 짧은 베잠방이에 대해 말을 하면 신바람이 나서 금방 맞장구를 쳐오지만 고관대작들이 입는 번들거리는 예복에 대해 말을 하면 곧 입을 다물어 버립니다.

증권투자도 역시 마찬가지 아닌가요?

2만원 하는 현대증권 300주 사서 500원 오르면 파는 투자가에게 60만원하는 삼성전자 1만주를 사고파는 이야기를 한다면 아무런 흥미가 없을 것입니다. 1,000만원 가지고 단기투자를 선호하는 소액투자가에게 기관투자가들의 매매패턴을 권한다면 역시 별 반응을 보이지 않을 것입니다.

따라서 증권투자에서도 상대방에게 맞는 투자패턴을 권하는 것이 바람직하며 또한 자신에게 맞는 매매전략을 구사하는 것이 옳다고 생각합니다.

ㅣ함께 살아가는 방법을 찾아요

어느 사람이 저승을 방문했습니다.

마침 식사시간이었습니다. 식탁이 두 개 있었습니다. 왼쪽에 있는 사람들과 오른쪽에 있는 사람들의 옷과 식사 수준은 똑같았습니다.

그래서 그 사람은 의아하게 생각했습니다. 단지 다른 것은 명찰뿐이었습니다.

왼쪽은 '지옥'이라는 명찰을, 오른쪽은 '천국'이라는 명찰을 달고 있었습니다.

식사개시를 알리는 벨이 울렸습니다. 제각기 음식을 먹는데 팔이 굽어지지 않았습니다. 왼쪽 사람들은 서로 자기 혼자 먹으려고 발버둥 치다가 결국은 한 숟가락도 먹지 못했습니다.

그러나 오른쪽 사람들은 달랐습니다. 팔이 굽어지지 않았지만 서로 다른 사람들에게 밥을 떠 먹여 주고 있었습니다.

증권시장에서 들려오는 모든 정보들을 주위에 있는 투자가들끼리 서로 공유하여 보시기 바랍니다. 만일 나만 수익률을 올리겠다고 모든 정보를 혼자 독점하는 모임이 있다고 가정해 보겠습니다. 어떠한 시너지 효과도 발생하지 못할 것이며 서로 공멸하는 방법을 선택했는지도 모릅니다. 반면 나의 정보를 주위사람들에게 전해 주고 서로의 정보를 공유하는 모임이 있습니다. 분명히 서로 함께 성공투자의 길로 나가게 될 것입니다.

| 너의 행복이 나의 행복으로

한 무리의 정치가들이 바닷가를 거닐며 정적을 제거할 계략을 짜고 있었습니다. 그때 그들은 바닷가에서 게를 잡고 있는 사람을 만났습니다. 그 사람은 게를 바구니 속에 넣었습니다. 그런데 바구니에는 뚜껑이 없었습니다.

한 정치가가 바구니 속을 들여다보고는 "바구니에 뚜껑을 덮는 것이 좋겠소. 그렇지 않으면 게들이 기어 나와 도망을 가겠는데"라고 일러주었습니다.

그러자 게를 잡던 사람이 말했습니다.

"필요 없소. 이 게들은 정치가들과 비슷한 놈들이요. 한 마리가 기어오르려고 하면 다른 놈들이 곧 끌어내리니까요."

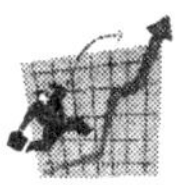

증시에서 남의 불행이 나의 행복이고 나의 행복이 남의 불행이 되나요?

친구가 대우증권을 2만원에 사고 나는 하나은행을 3만원에 매수했습니다. 대우증권 주가는 떨어지기를 바라고 하나은행 주가는 올라가기를 바라고 있습니다.

당신이 혹 그런 생각을 가지고 있다면 아마 친구도 같은 생각을 하고 있을 것입니다.

가능한 한 대우증권과 하나은행이 함께 올라가기를 기대해 보시기 바랍니다. 이마도 두 분에게는 좋은 결과가 생길 것입니다.

| 완벽한 주식은 있다?

용모가 수려하고 눈부실 만큼 아름다운 부인을 둔 사람이 있었습니다. 그는 유독 부인의 코가 마음에 들지 않았습니다. 그러던 어느 날 그 사람은 길을 가다가 아름다운 코를 가진 여인을 만나게 되자 이런 생각을 하게 되었습니다.

'저 여자의 코를 베어다가 내 아내에게 달아주면 금상첨화가 아니겠는가?'

그래서 그 사람은 그 여자의 코를 칼로 베어 가지고는 집으로 달려와 아내를 불렀습니다.

"어서 나와 보시오. 내가 당신을 위해 보기 좋은 코를 가지고 왔으니 어서 이것을 달아 보시오."

아내가 나오자 그 사람은 칼로 아내의 코를 잘라 버리고는 그 위에 자기가 갖고 온 보기 좋은 코를 붙이려 했습니다. 그러나 그 코가 붙을 리 있겠습니까? 아내는 도리어 본래의 코를 잃어버리고 심한 아픔을 겪어야만 했습니다.

완벽한 주식이 있었으면 좋겠습니다.

성장성과 수익성을 갖춘 주식에다 수익성과 안정성마저 갖추고 있다면 금상첨화일 것입니다.

어제는 LG화학의 수익률이 제일 높았지만 오늘은 현대건설의 수익률이 가장 높게 나타났습니다. 내일은 신세계의 수익률이 제일 높게 나타날지도 모릅니다.

어제는 LG화학을 가지고 있어서 기분이 좋았었지만 오늘은 현대건설을 가지고 있는 친구를 무척이나 부러워했습니다.

아무리 좋은 주식이라 하더라도 어느 정도 불만은 조금씩 가지고 있을 것입니다. 성장성과 재무구조가 뛰어난 주식이더라도 수익률이 마음에 안 드는 경우가 있을 수도 있습니다.

수익률이 뛰어나 기분이 좋을 수 있지만 안정성이 부족하여 언제 부도가 발생할지 몰라 불안한 경우도 있습니다.

증권투자도 현실이기에 무리한 욕심보다는 가능한 한 현명한 판단을 요구하고 있습니다.

| 주식과 내기하면 누가 이기나?

내기를 좋아하는 한 부부가 있었습니다. 어느 날 떡 세 덩어리를 얻게 되어 그들은 서로 한 덩어리씩을 먹게 되었습니다. 그리고 나머지 한 덩어리를 놓고 내기를 했습니다.

"먼저 말하는 사람이 지는 것으로 하는 게 어떻소?"

"좋습니다."

부부는 서로 떡을 차지하기 위해 아무런 말도 하지 않고 떡만 지켜보고 있었습니다. 그때 도둑이 담을 넘어 들어와 집에 돈 될 만한 것은 모두 챙겼습니다.

도둑은 부부가 아무 소리도 못하고 있는 모습을 보고 배짱이 생겨 남편의 면전에서 아내를 겁탈하려고 했습니다. 남편은 그 모습을 보고도 묵묵부답 아무런 말도 하지 못했습니다.

그러자 다급해진 아내가 먼저 말을 하고 말았습니다.

"이 어리석은 사람 같으니! 한 덩어리 떡 때문에 도둑이 나를 겁탈하려고 하는데도 소리치지 않나니?"

그러자 남편이 도리어 박수를 치고 웃으며 말했습니다.

"멍청이! 네가 졌지? 이 떡은 이제 내 거야!"

웃음이 나오시나요? 나하고는 전혀 무관한 얘기라고요?
그럼 당신은 가끔 주식과 내기를 하지 않나요?
주식을 짝사랑해서도 아니 되겠지만 주식과 내기를 해서

도 절대 안 됩니다. 그렇지만 당신도 모르는 사이에 당신은 가끔 주식과 내기를 하고 있습니다. 아주 무모한 내기를 하고 있지만 당신만 느끼지 못하고 있습니다.

현대건설을 20만원에 사서 10년이 넘도록 내기를 하고 있습니다. 현재 4만원 하는 주식을 바라보며 "이놈의 주식, 언젠가 본전이 되나 안 되나 두고 보자!"라고 말하고 있습니다.

당장 내일이나 모레 건설사들이 어떻게 될지 모르는 상황에서도 "네가 망하나 내가 망하나 어디 두고 보자!"하고 감정 대결을 벌이고 있습니다.

그래도 당신은 전혀 주식과 내기를 하고 있지 않습니까? 남의 이야기라고요?

| 앙꼬 없는 찐빵

옛날 어느 겁쟁이가 검정말을 타고 전쟁터에 나갔습니다. 적군이 두려워 감히 싸울 엄두가 나지를 않았습니다. 그래서 얼굴에 다른 사람의 피를 바르고 죽은 시늉을 한 채 시체더미 속에 누워 있었습니다. 그가 타고 갔던 말은 적군이 전리품으로 챙겨가 버렸습니다.

적군이 철수하자 겁쟁이는 안도의 한숨을 쉬며 집으로 돌아가야겠다고 생각했습니다. 그러나 겁쟁이라는 말은 듣기가 싫어 근처에 있던 죽은 말의 꼬리를 서둘러 베었습니다. 서두르다 보니 흰말의 꼬리를 베었다는 사실을 전혀 깨닫지 못했습니다.

집으로 돌아오자 마을 사람들이 물었습니다.

"자네가 타고 갔던 말은 어찌하고 걸어서 돌아왔는가?"

그러자 겁쟁이가 자신 있게 대답했습니다.

"내 말은 용감히 싸우다가 죽었습니다. 그걸 기념하기 위해 이렇게 말꼬리를 베어 온 것입니다."

"아니 자네가 타고 갔던 말은 검은 말이 아니던가? 그런데 왜 그 말꼬리는 희단 말인가?"

겁쟁이는 할 말을 잃고 하늘만 쳐다보았답니다.

낚시꾼의 허풍이나 뻔한 거짓말은 이미 정평이 나 있습니다.

'물 반 고기 반'이나 '잡았다 하면 최소 50cm 월척'이라는 말은 이제 기본입니다.

증권투자가들의 허풍이나 뻔한 거짓말도 거의 낚시꾼 수준에 근접하고 있습니다.

증권사 객장에서는 주당 500원 오르면 5,000원 오른 것처럼 떠들어대기도 하고, 내가 사기만 하면 바닥이고 최소 30% 이상 안 먹으면 절대로 안 판다는 등 허풍들이 있습니다.

또한 투자 원금 1,000만원 잃고 나서 전 재산 다 날려버렸다고 하소연하기도 하고, 내가 객장에 나오기만 하면 그날 주가는 꼭 빠진다는 허풍이나 뻔한 거짓말들이 있습니다.

사실 이런 허풍이나 뻔한 거짓말이 없으면 증권시장은 '앙꼬 없는 찐빵'이요 '오아시스 없는 사막'이 됩니다.

그러나 근거 없는 낭설이나 남에게 해를 끼치는 유언비어는 절대로 유포해서는 안 됩니다.

| 악사의 무모함으로

아름다운 곡만을 능숙하게 연주하는 한 악사가 있었습니다. 한번은 그가 어느 부잣집에 가서 연주를 하게 되었습니다. 그 부자는 악사의 재능을 인정하여 칭찬을 아끼지 않았습니다.

악사는 좋은 기회라고 생각하고 소 한 마리를 선물로 달라고 했습니다.

부자는 악사의 연주는 높이 샀지만 소를 주려니 아까운 생각이 들어 이렇게 말했습니다.

"당신이 밤낮을 가리지 않고 일 년간 음악을 연주한다면 소를 주겠소."

"그렇게 할 수 있습니다. 그런데 계속해서 음악을 들으실 수 있겠습니까?"

"당연하지!"

악사는 신이 나서 정성을 다해 삼일 밤낮을 쉬지 않고 음악을 연주했습니다. 부자는 밤낮없이 들려오는 음악소리에 그만 머리가 돌아버릴 지경이었습니다.

결국 부자는 하인에게 소를 끌고 오라고 해서 악사에게 넘겨주었답니다.

무슨 일이든지 목표가 있고 그 목표를 향해 정성을 다해 나아간다면 못 이룰 것이 없다고 생각합니다.

밤낮 없이 일 년간 음악을 연주한다는 것은 거의 불가능한 일이었지만 악사는 기쁘게 받아들였습니다.

증권투자에서도 일 년에 100% 수익률을 올린다는 것은 매우 어려운 일입니다. 그렇지만 누가 아나요? 현대건설을 1,000원에 사서 10,000원에 가서 팔게 될는지.

정성을 다하고 할 수 있다는 마음만 확고하다면 꼭 이루게 될 것입니다.

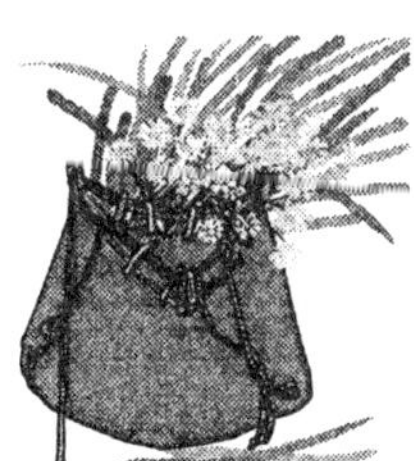

| 위험에서 벗어나는 지혜

어느 날 해일이 일면서 바닷물이 육지로 밀려들게 되었습니다. 그때 운이 나쁜 물고기 세 마리가 파도에 휩쓸려 해변의 작은 웅덩이에 갇히고 말았습니다. 그러자 물고기들은 서로 이 문제를 해결하기 위해 회의를 했습니다.

"우리들은 지금 뜻하지 않은 곤경에 처하게 되었다. 이제 방법은 하나밖에 없어. 파도가 몰아칠 때 있는 힘을 다해 파도를 거슬러 올라가면 우리는 다시 바다로 돌아갈 수 있을 거야."

그러나 앞쪽에 고기잡이배가 길을 가로막고 있어 물고기들은 감히 앞으로 나설 수 없었습니다.

큰 파도가 웅덩이에 몰아쳤을 때 첫 번째 물고기가 있는 힘을 다해 몸을 훌쩍 솟구쳐 배를 뛰어넘어 갔습니다.

두 번째 물고기는 수초 아래 숨어서 천천히 배 밑으로 헤엄쳐 지나갔습니다.

그러나 세 번째 물고기는 망설이며 왔다 갔다 하다가 힘을 다 써 마침내 어부에게 잡히고 말았습니다.

첫 번째 물고기는 곧이어 닥칠 위험을 예상했기에 죽을 힘을 다해 살 수 있었습니다.

두 번째 물고기는 순간적인 기지를 발휘하여 살 수 있었습니다.

그러나 세 번째 물고기는 작은 웅덩이가 일시적으로 안전할 뿐이었지만 우유부단하게 망설이다가 기력을 잃고 어부에게 붙잡히게 되었습니다.

증권투자에도 위험한 고비는 항상 도사리고 있습니다.

세 사람의 증권투자가가 50만원에 SK텔레콤을 매수하게 되었습니다.

그런데 운이 없게도 사자마자 시장이 악화되면서 주가가 폭락하기 시작했습니다.

이때 첫 번째 투자가는 당분간 주가가 회복하기 힘들다고 판단하고 일부 손실을 감안해서라도 45만원에 과감하게 손절매했습니다.

두 번째 투자가는 주식시장에서는 도저히 손실회복이 힘들다고 판단하고 선물시장에서 일부 매도포지션을 취하게 되었습니다. 따라서 삼성전자에서의 손실을 선물시장에서 만회하는 전략을 구사했습니다.

그러나 세 번째 투자가는 20만원까지 하락하는 도중에도 언젠가는 반등하겠지 하고 안일하게 기다리다가 일부 주식을 담보부족으로 잃어 버렸습니다.

또한 나머지 주식도 몇 년 동안 반등다운 반등 없이 20만원 전후로 장기간 맴돌고 있어 더 이상의 투자기회를 상실하게 되었습니다.

당신이라면 어느 방법을 택하시겠습니까?

| 혹시 '증권탕'이라고 맛 보셨나요?

옛날에 한 국왕이 주방장에게 명하여 맛있는 삼계탕을 끓이게 했습니다. 주방장은 물, 닭고기, 인삼, 파, 생강, 콩, 찹쌀 등의 재료를 넣고 정성들여 탕을 끓였습니다.

탕이 끓고 있는데 왕이 주방장에게 뜻밖의 명령을 내렸습니다.

"네가 끓인 탕에 재료를 넣은 순서대로 먼저 물맛을 보고 다음에는 닭고기맛, 인삼맛, 파맛, 생강맛, 콩맛, 찹쌀맛을 각기 따로 맛보고 싶도다."

그러자 주방장이 국왕에게 말했습니다.

"탕은 이미 다 끓여서 여러 가지 맛이 섞여 있는데, 어떻게 그 각각의 맛을 대왕께서 음미할 수 있게 하겠습니까?"

그러자 국왕은 이제야 알겠다는 듯이 말했습니다.

"여러 가지 맛이 탕 속에서 섞이면 일일이 구별할 수 없는 법이로구나!"

오늘 종합주가지수가 50포인트 상승했습니다.

이럴 때 통상 우리는 "오늘 왜 주가가 상승했지?"하고 묻곤 합니다.

오늘 장중에 나온 상승요인으로는 미국의 금리인하 가능성과 국제유가 하락 등에 관한 보도가 있었습니다. 또한 외국인 투자가들의 4일 연속 순매수 우위와 해외펀드가 한국 투자 비중을 확대할 것이라는 소식이 호재로 작용했습니다.

더불어 대통령의 경제관련 특별기자회견 등이 있습니다.

반면 주가하락 요인으로는 금융노조의 파업방침과 구조조정 등이 악재로 작용했습니다.

여기서 미국의 금리인하가 20포인트 상승, 국제유가 하락이 30포인트 상승, 외국인 4일 연속 순매수가 15포인트 상승, 대통령 기자회견이 5포인트 등이 작용했습니다. 반면 은행노조 파업과 구조조정이 20포인트 하락 등이 작용했습니다.

이런 상황이 가능하겠습니까?

증권시장은 삼계탕보다도 수없이 더 많은 변수들이 혼합되어 보글보글 끓여진 일명 '증권탕'입니다.

| 증권가의 '바보들의 행진' 속편

위대한 왕이 있었습니다. 왕은 활쏘기를 좋아했고 또한 명궁이기도 했습니다. 그러나 가끔 활이 과녁을 벗어날 때도 있었습니다.

언젠가 어느 마을을 지나다가 왕은 깜짝 놀랐습니다.

과녁 안에 동그라미가 그려져 있고 그 한 가운데 화살이 명중되어 있었던 것입니다. 왕은 자신의 눈을 의심하기 시작했습니다. 이 조그만 마을에 이처럼 위대한 명궁이 살고 있었단 말인가!

왕은 말을 멈추고 사람들에게 물어 보았습니다. 그러자 사람들이 막 웃기 시작했습니다.

"그는 명궁이 아닙니다. 그는 바보입니다."

왕은 의아하게 생각했습니다.

"바보라고? 그러나 과녁을 명중시켰는데!"

사람들은 우스워 죽겠다는 표정으로 말했습니다.

"저기 그 친구가 오고 있습니다. 그는 그야말로 바보입니다. 먼저 활을 쏘아 놓고는 나중에 동그라미를 그린답니다. 그러니 백발백중일 수밖에요."

증권시장에서도 종종 '바보들의 행진'이 벌어집니다.

친구에게서 삼성물산을 8만원에 사라는 연락을 받고 부랴부랴 매수주문 넣기에 정신이 없습니다.

삼성물산을 사고 나서 정신을 차리고 그래프를 봅니다.

"아니! 2만원에서 9만원까지 450% 이상 올랐네. 92,400원에서 단기고점을 형성한 이후 하락세로 전환되어 지금은 8만원이네!"

먼저 주문 넣고 나서 나중에 분석하는 경우랍니다. 이런 경우도 있습니다.

옆 사람이 포항제철을 70만원에 사니까 덩달아 동료의식에서 같이 매수하게 됩니다.

사고 나서 친구에게 물어봅니다.

"얼마까지 올라가지?"

"적어도 100만원!"

그 말을 듣고 나서 포항제철의 그래프를 살펴봅니다. 70만원에서 100만원 목표지점을 그려놓고 나서 향후 예상진로를 제멋대로 그려 나갑니다.

흔히 하는 말로 '시체를 놓고 관을 짜는 것이 아니라 관을 놓고 시체를 맞추는 격'이 되고 있습니다.

바보들의 주식투자

어떤 위대한 왕의 주위에는 온통 지혜로운 사람들로만 가득 차 있었습니다. 그러나 일이 잘 풀려가지 않고 오히려 힘들기만 합니다. 무언가 좋은 수가 없을까 궁리하던 왕에게 퍼뜩 기가 막힌 생각이 스치고 지나갔습니다.

"그렇다! 바보를 데려오자. 그것도 완전한 바보로!"

현명한 사람들이 못 푸는 것을 바보는 잘 해낼 수도 있을 것이라는 엉뚱한 생각이 들었던 것입니다.

드디어 완전한 바보를 찾아서 궁궐로 데려왔습니다. 왕은 그 바보가 정말 쓸모 있는 바보인지 시험해 보기로 결심했습니다.

왕은 바보에게 말했습니다.

"궁전에 있는 사람들 중에서 열 사람의 바보를 말해 보라. 내 칠일간의 여유를 주마. 그때까지 바보를 찾아 가장 어리석은 바보의 순서대로 적어 보거라."

칠일이 지난 뒤 왕은 바보를 불렀습니다.

"명단은 작성했겠지?"

"예, 폐하."

무척 호기심이 생긴 왕은 즉시 물어 보았습니다.

"누가 첫째인가?"

"첫째 바보는 폐하입니다"라고 대답하였습니다.

화가 치민 왕이 "왜 그런지 설명해 보라"고 다그쳤습니다.

“어제 아침에 폐하께서는 한 신하에게 수백만 금의 돈을 주시면서 먼 나라로 가서 다이아몬드와 사파이어, 황금 등 값진 보물들을 사오라고 분부하셨습니다.”

“그래서!”

“네, 소인의 생각으로 그 신하는 다시 돌아오지 않을 것입니다. 그러나 폐하는 그 신하를 믿으셨습니다. 그건 바보나 믿을 일입니다. 그래서 폐하가 바보입니다.”

“그래? 만일 그 신하가 돌아오면 어떻게 하겠느냐?”

그러자 바보가 말했습니다.

“그러면 폐하의 이름을 지우고 그 자리에 대신 신하의 이름을 써넣겠습니다.”

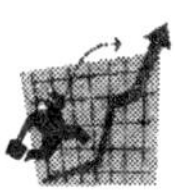

증권시장에서 투자가들은 돈을 벌고자 투자하지 돈을 잃고자 투자하는 경우는 없습니다.

모두 나만은 돈을 벌 수 있다고 믿고 있으며 나의 판단력과 명석함을 믿고 있습니다. 또한 투자해서 성공하면 나의 뛰어난 판단능력이라고 믿고 있습니다.

만일 실패하면 “나는 헌대건설을 사고 싶었는데 증권사 김대리가 삼성전자를 사라고 권해서”라고 변명하기도 합니다.

모든 투자가는 모두 자기 돈을 가지고 투자하고 있습니다. 벌어도 모두 내 돈이고 잃어도 모두 내 돈입니다. 따라서 투자의 최종 결정은 모두 본인 스스로 하는 것이지 남이 대신 해 줄 수는 없는 것입니다.

결과에 대해 남을 탓하는 사람은 바로 ‘증권가의 바보’라고 생각합니다.

| 가능한 받아들이는 자세로

어떤 어부가 어마어마하게 큰 물고기를 잡았습니다. 그 고기는 큰 송아지만 하였습니다.

신기하게 여긴 사람들이 물고기를 구경하러 몰려들었습니다.

어떤 바보가 눈만 껌뻑껌뻑 거리면서 그 물고기를 쳐다보았습니다.

"이것은 물고기가 아냐. 이렇게 큰 물고기란 있을 수 없어."

바보는 고기를 손으로 직접 만져 보았습니다. 그래도 믿을 수 없었습니다. 평생 이런 물고기는 듣지도 보지도 못했기 때문입니다.

화가 난 바보가 소리를 질렀습니다.

"이것을 바다로 집어던져야겠어요. 이건 물고기가 아니란 말이에요. 이건 가짜입니다!"

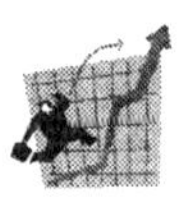

편견이 있는 한 진실은 바로 보이지 않습니다.

편견을 벗어버리면 진실을 볼 수 있고, 진실을 볼 수 있으면 뜻하는 바를 얻을 수 있습니다.

"대형주를 사도 과연 원하는 수익률을 얻을 수 있을까?"

"수익률은 중·소형주를 중심으로 개별종목에서나 가능한 일이 아닌가?"

"증권주와 은행주는 무거워서 수익률 올리기에 힘들 거야!"

내가 경험하지 못하고 생각해 보지도 않은 사항에 대해 인정하기가 쉽지 않습니다.

한때 증권주가 20만원 이상 시중은행이 7만원 이상 기록했다는 사실을 쉽게 인정하지도 않을 것입니다. 내가 경험하지 않았다고 그런 사실들을 부인해서는 안 됩니다.

내가 경험한 것은 매우 일부분입니다. 항상 받아들이는 자세로 임해야 하겠습니다.

| 고슴도치와 바늘두더지

큰 쥐만한 고슴도치가 고양이만한 바늘두더지를 만나자 등의 바늘을 빳빳하게 세우며 웅크렸습니다. 바늘두더지도 놀라 온몸의 바늘들을 다 세우고 웅크린 채 고슴도치를 보고 있었습니다.

"난 싸우기 싫소." 고슴도치가 말했습니다.

"나도 싸우기 싫어서 바늘을 세운 거요." 바늘두더지가 말했습니다.

"그럼 됐소." 고슴도치가 말했습니다.

"나도 알았소. 다음에는 서로 바늘을 세우는 일이 없도록 합시다." 바늘두더지가 말했습니다. 이때 나무 위에서 검독수리 한 마리가 그들을 내려다보고 있었습니다.

고슴도치하고 바늘두더지가 마주하고 안전을 따지고 있는 사이에 검독수리가 그들을 바라보고 있습니다. 이미 대세는 위험에 처해 있지만 당장 눈앞에 보이는 안전만을 생각하고 있습니다.

한 여름 오후에 뭉게구름이 모락모락 피어나고 있는데 쨍쨍 빛나는 햇살을 바라보면서 빨래를 말리고 있습니다. 내일부터 긴 장마가 예상되고 있는데 오늘 때 빼고 광내고 열심히 세차를 해 두었습니다.

조만간 추락이 예상되는 작전주를 보유하고서 오늘 상승을 매우 기뻐하고 있습니다. 이 기쁨을 친구들에게 자랑하고 싶어서 저녁에 술도 한잔 사주었습니다. 함께 돈을 벌자며 친구들에게 작전주를 권했습니다.

부도설이 유포되고 있는 종목이 오늘 500원 상승했습니다. 그동안 단기급락에 따른 자율반등을 시도했습니다. 아마 이것으로 부도설은 종지부를 찍었다고 생각하며 매우 만족해하는 투자가들이 있습니다.

눈앞의 작은 위험이나 이익에 연연하기보다는 다가오는 큰 흐름을 보고자 노력하시기 바랍니다. 성공하는 투자가는 장수하는 투자가입니다.

| 성공투자의 비결은 가까이 있습니다

어느 성인이 깊은 무아경에 잠겨 길가에 누워 있었습니다. 마침 옆을 지나가던 도둑이 그를 보고 참견을 했습니다.

"이 친구, 도둑인가 보군. 간밤에 얼마나 잠을 설치면서 남의 물건을 훔쳤기에 여기서 잠을 자고 있나. 곧 순경이 잡으러 올지 모르니 빨리 도망가야지."

조금 있다 한 주정뱅이가 지나가다 성인을 보았습니다.

"어이! 안녕하슈! 자네도 어지간히 마셨나 보군. 그래도 나는 당신보다 낫다네. 이렇게 멀쩡하게 걸어갈 수 있잖아."

세 번째는 성인이 왔습니다. 그는 성인이 법열의 상태에 잠겨 있는 것을 알고 옆에서 그 성인을 지켜 주었습니다.

9시 뉴스를 보고 있는데 "최근 소폭이지만 시중실세금리가 인하되고 있습니다."라는 보도를 접하게 되었습니다.

첫 번째 투자가는 은행에 예금해 둔 이자율이 하락할까봐 걱정이 앞서고 있습니다.

두 번째 투자가는 물가는 안 내리고 그까짓 금리만 내리면 무슨 소용이 있느냐고 불만이 많습니다.

세 번째 투자가는 조만간 주가상승을 예상했습니다. 그래서 주식의 편입비중을 늘려나가고 선물의 매도 포지션도 정리해 나갔습니다.

성공투자의 비결은 멀리 있는 것이 아니고 항상 가까이 있습니다.

제 4 장

증시응접실

| 두 번 속나 한 번 속지

여우 한 마리가 나무 그늘에 앉아 쉬고 있는데 갑자기 바람이 세차게 불어 나뭇가지가 부러지며 여우의 등에 떨어졌습니다.

여우는 벼락이라도 맞은 것처럼 깜짝 놀라 쏜살같이 그곳을 도망쳐 나왔습니다. 그리고는 멀리 언덕에 올라 나무를 바라보면서 돌아갈 생각을 하지 않았습니다.

해가 저물자 다시 바람이 불기 시작했습니다. 이전보다 훨씬 부드러운 바람이어서 나뭇가지가 살랑살랑 흔들렸습니다.

이를 바라보고 있던 여우가 말했습니다.

"아직도 나를 부르고 있군. 이번엔 아주 부드럽게 유혹하고 있어. 그렇다고 내가 갈 것 같으니?"

여우가 크게 놀라서 당황하고 있습니다.

현실을 제대로 파악하지도 못하고 상황이 바뀌었지만 좀처럼 경계심을 풀지 않고 있습니다. 아마도 두 번 다시는 속지 않겠다고 다짐을 하고 있을 것입니다.

상승장세가 이어지고 있어도 도중에 일시적인 조정은 있을 수 있습니다. 이러한 조정은 저가매수할 수 있는 좋은 기회가 되고 있습니다. 하지만 과거에 상승종목을 따라가다 상투를 잡았던 악몽이 되살아나면서 매수하기를 주저하고 있습니다.

상승장세에서는 한 번씩 흔들릴 때마다 거품이 빠지고 있습니다. 거품을 제거하면서 상승해 준다면 상승세가 계속 이어질 수 있습니다. 마치 거품을 제거하면서 맥주를 따른다고 생각해 보시기 바랍니다. 또한 병에 모래를 담고 흔들어 줄 때마다 잘 정돈되는 모습을 상상해 볼 수도 있습니다.

아무리 좋은 장세라 하더라도 일시적으로 쉬어가는 지혜가 필요할 것입니다. 쉬는 데 인색하다면 먼 길을 가지 못하게 될 수도 있습니다. 일시적인 휴식을 불안해하기보다는 편안하게 바라보시기 바랍니다.

| '물과 불'의 이야기

물과 불이 일정한 거리를 두고 있었는데 하루는 그들 사이의 거리가 바짝 가까워졌습니다. 그러자 불이 물에게 말했습니다.

"접근금지! 물이여 그대는 아는가. 내게로 가까이 오면 그대는 뜨거워져서 끝내는 증발해 버리고 말 것입니다."

그러자 물이 불에게 말했습니다.

"나에게로 접근금지! 불이여 그대는 알지 못하는가. 내게로 가까이 오면 그대는 사그라져 끝내 꺼져 버리고 말 것이다."

물과 불이 서로 접근금지라며 이렇게 다투고 있는데 어느 여인이 하얀 다리를 물속에 집어넣으며 이렇게 말했습니다.

"어머나 벌써 물이 따뜻해졌네!"

자연스러운 현상은 마음을 편안하게 해줍니다.
주식투자도 이렇게 자연스럽게 이루어졌으면 좋겠습니다.

수익률이 높아가는 줄도 모르는 사이에 올라가는 경우를 생각해 보았습니다. 분석기법을 배운다는 생각도 없었는데 너무도 자연스럽게 배우는 경우도 생각해 보았습니다.

특별하게 주가공부를 한다는 생각보다는 저자의 저서를 무심코 읽어보다 보니 어느 날 분석기법을 배우게 되었습니다. 그것도 기술적 분석을 토대로 정석투자를 제대로 배우게 되었습니다. 가능한 한 주위에 유능한 사람들이 많이 있으면 자연스럽게 더 많은 것을 배울 수 있습니다.

| 진정한 보물을 찾아서

어느 가난한 농부가 하루는 들에 나가 밭을 갈다가 무언가 번쩍이는 것을 발견했습니다. 엄청난 보물을 발견한 것입니다. 그는 웬 보물인가 싶었지만 이내 마음을 가다듬고 그것을 마을의 수도승에게 갖다 바치기로 했습니다. 그는 보물을 가지고 수도승을 찾아갔습니다.

"밭에서 이 보물을 주웠습니다. 본래 제 것이 아니니 스님께서 받아 주십시오."

수도승이 고개를 저으며 말했습니다.

"무슨 소린가. 그것은 본래 내 것도 아니다. 받을 수 없다. 도로 가져가거라."

농부는 뜻밖이었지만 더욱 강한 어조로 말했습니다.

"제게는 이 보물이 소용없습니다. 저는 땅을 파고 밭을 가는 것만으로도 족하답니다."

그러자 수도승이 말했습니다.

"그대는 자신의 보물만 귀하게 여길 줄 알지 내 보물은 귀하게 여길 줄 모르는구나. 나는 그 보물을 받을 수 없으니 도로 가져가거라."

농부가 의아한 표정을 지었습니다.

"무슨 말씀입니까? 내 보물만 귀하게 여기고 남의 보물은 귀하게 여길 줄 모르다뇨? 그게 도대체 무슨 말씀이십니까?"

수도승이 말했습니다.

"농부인 그대는 땅을 파고 밭을 일구는 것이 보물이겠지만 수도하는 나에게는 그 보물을 받지 않는 것이 바로 보물이기 때문이다. 나는 그대가 땅을 파고 밭을 갈듯이 내 보물을 지키는 것만으로 만족하고 있단다."

우리도 주식시장에서 진정한 보물을 찾아야 하겠습니다.

주식투자에도 진정한 보물이 있다는 것을 알려드리고 싶습니다. 저는 이 보물을 기꺼이 공개하고자 합니다. 제가 주도주를 발굴하여 권해드리고 여러분이 높은 수익률을 올리는 것은 진정한 보물이 아닙니다.

주식투자에서 진정한 보물은 스스로 주식투자를 할 수 있는 분석능력을 갖추는 일입니다. 제가 권해드리는 주도주를 매수하면 높은 수익률을 올릴 수 있겠지만 스스로 매도시점을 찾지 못하고 손해를 보게 된다면 아무런 의미가 없습니다.

스스로 종목을 선정하고 매수시점과 매도시점을 포착할 수 있다면 진정한 보물을 발견하신 것입니다. 스스로 종목을 선정하고 매매시점을 포착하는 방법을 배우기까지 저는 좋은 길잡이가 되어 줄 것입니다.

진정한 보물을 잘 간직하기 위해서는 무리한 욕심을 부리지 않으며 마음의 여유를 갖는 일이 무엇보다도 중요합니다. 그리고 서두르지 않으며 한번 주도주를 포착하면 끝까지 따라가서 상투까지 확인할 수 있는 인내와 용기도 필요합니다.

| 열렬한 투자, 바보 같은 투자

어떤 청년이 길을 가다가 어느 집 창가에 서 있는 아름다운 아가씨를 보고는 금방 사랑에 빠져 버렸습니다. 청년은 집 앞을 지키고 있다가 그녀가 밖으로 나온 틈을 타서 사랑을 고백했습니다.

"아름다운 아가씨, 이제 난 당신 없이는 살 수가 없다오. 나의 열렬한 사랑을 받아주시오."

그러자 아름다운 아가씨가 물었습니다.

"저를 열렬히 사랑한다고요?"

청년이 재빨리 말을 했습니다.

"당신의 소망이 무엇인지 말해 보시오. 그러면 당신에 대한 나의 사랑이 얼마나 열렬한지 알 수 있을 것이오."

아름다운 아가씨가 잠시 생각을 하더니 말했습니다.

"나의 소망은 단 한 가지 나를 열렬히 사랑하는 사람을 만나는 것입니다."

청년이 와락 달려들었습니다.

"아 그게 바로 나입니다. 이 사람입니다."

아름다운 아가씨는 정말 자신의 단 한 가지 소망이 이루어지는가 싶었습니다.

"소망이란 이렇게 단숨에 이루어지는 건가 봐요."

그래서 그들은 밤에 몰래 만나 사랑을 나누기로 했습니다. 청년이 밤늦은 시각에 그녀의 창가로 와서 앵무새 소리를 내면 그녀가 창문을 열기로 약속을 했습니다.

이윽고 밤늦은 시각이 되자 청년이 그녀의 창가에 나타났습니다. 그가 막 앵무새 소리를 내려하는데 앵무새가 어떻게 소리를 내는지 전혀 생각이 나지를 않았습니다. 그래서 그는 입을 오므리고 이렇게 소리를 내었습니다.

"앵무새, 앵무새 ……."

얼마가 지나 마침내 창문이 열렸습니다. 그녀가 창문으로 얼굴을 내밀더니 버럭 소리를 질렀습니다.

"당신은 나를 열렬히 사랑하는 게 아니라 바보같이 사랑하는 거랍니다. 당장 썩 꺼져요!"

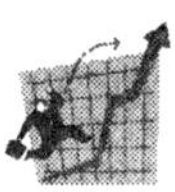

모든 일은 열심히 하면 좋은 것입니다.

사랑도 열렬히 하고 주식도 열렬히 투자해 보시기 바랍니다.

증권투자를 열심히 한다고 높은 수익률을 올리는 것은 아닙니다. 증시의 흐름을 알고서 흐름을 따라가는 지혜가 필요할 것입니다.

증시에는 열렬한 투자가 있는가 하면 바보 같은 투자가 엄연히 구분되어 있습니다. 바쁘세 서두르며 수시로 매수와 매도를 반복한다고 열렬한 투자라 말하지 않습니다. 한번을 매매하더라도 수익률을 올리는 투자가 열렬한 투자입니다.

열심히 뛰어다니지만 사자마자 하락하고 팔자마자 올라가는 투자는 바보 같은 투자라 말하고 있습니다. 지혜롭게 판단하시어 바보 같은 투자가 아니라 열렬한 투자를 시도해 보시기 바랍니다. 조금만 더 노력을 해보시기 바랍니다.

| 왜 서두르나요?

파리 두 마리가 사원에서 살고 있었습니다. 그런데 이 두 마리의 파리는 먹을 것을 구하는 데 있어서 방법이 무척 달랐습니다. 한 마리는 기다릴 줄도 모르고 예의도 없이 날뛰어서 수행자들에게 쫓겨나기 일쑤였습니다.

다른 한 마리는 기다릴 줄을 알고 예의도 갖추고 있어서 수행자들에게 쫓겨나는 일이 없었습니다. 그래서 한 마리는 늘 배가 고팠고 다른 한 마리는 늘 배가 불렀습니다. 이들 두 마리 파리의 상황은 천국과 지옥만큼이나 달랐습니다.

어느 날씨 좋은 날 두 마리의 파리가 나무 그늘에 앉아 그 동안의 일들을 이야기하고 있었습니다. 첫 번째 파리가 말했습니다.

"정말 분해 죽겠어. 난 한 번도 이 수행자들에게 먹을 것을 제대로 얻어먹지 못했어. 내가 만약 거미가 된다면 밤마다 저 수행자들을 찾아가 그들의 입에 거미줄을 칭칭 쳐버리고 말겠어. 반드시 복수를 하겠다고."

그러자 두 번째 파리가 말했습니다.

"이보게, 그런 말 함부로 하는 게 아니야. 난 이 수행자들에게 그 동안 많은 걸 얻어먹었지. 내가 만약 거미가 된다면 그들이 차려놓은 음식에 버릇없이 먼저 달라붙는 날것들을 막기 위해 그 주위에다 거미줄을 꼼꼼하게 쳐놓을 거야. 반드시 은혜를 갚겠어."

이 말을 들은 첫 번째 파리가 소리쳤습니다.

"그럼 나 같은 파리를 잡아먹겠다는 거 아냐!"

화가 난 첫 번째 파리가 날개를 부르르 떨면서 부웅 하고 날아오르더니 두 번째 파리를 향해 무섭게 돌진했습니다. 순간 첫 번째 파리는 무언가 보이지 않는 것에 온몸이 철렁 걸리는 것을 느꼈습니다. 무척 끈끈하고 질긴 그물이었습니다.

거미줄에 걸린 파리는 온 힘을 다해 버둥거리며 외쳤습니다.

"응큼한 거미야, 무엇을 기다리느냐! 죽은 척만 하지 말고 어서 덤벼라. 나를 잡아먹으려면!"

그러나 첫 번째 파리는 버둥거림이 점점 약해지더니 이내 조용해졌습니다. 거미줄에 엉켜 붙어 꼼짝도 할 수 없게 된 것입니다. 그제야 한쪽에서 죽은 듯이 있던 거미가 천천히 움직이기 시작했습니다.

이를 보고 두 번째 파리가 말했습니다.

"거미는 먹이와 싸우지 않습니다. 서두르지 않습니다. 오직 기다릴 뿐입니다."

주식투자를 하는 분들은 이 글을 꼭 한번쯤 읽어보고 느끼는 바가 있어야 합니다.

주식투자는 모든 것을 요구하고 있습니다. 결단력 있는 용기와 참고 기다리는 인내심을 필요로 합니다. 주식투자의 수익률은 투자가의 용기와 인내심의 결과라는 사실을 알았으면 좋겠습니다.

실적호전주로서 저평가된 종목을 저가에 매수한 이후에

상승하기를 기다리는 중장기투자는 엄두를 내지 못하고 있습니다. 당장 수익률을 올릴 수 있는 폭등주만을 찾아다니면서 단기매매에 주력하는 투자가가 있습니다.

장중 등락에 희비가 엇갈리면서 감정이 그대로 표현되고 있습니다. 조금만 오르면 좋아서 어쩔 줄을 모르고 조금만 내리면 불안하여 당장이라도 매도할 기색을 보이고 있습니다. 항상 바쁘게 매매하고 있으나 손실만 기다리고 있습니다.

하지만 기회가 찾아오기를 기다리면서 저평가된 종목을 선정하고 저가매수를 시도하는 투자가가 있습니다. 상승장세에서는 하락할 때를 대비하고 하락장세에서는 상승할 때를 대비하면서 투자하고 있습니다. 항상 안정된 수익률을 올리고 있습니다.

| 관중과 포숙아

춘추시대 제나라에 관중과 포숙아라는 두 사람이 있었습니다. 두 사람은 젊었을 때부터 세상에 둘도 없는 친구 사이였습니다. 그들이 동업으로 장사를 시작했습니다. 그런데 관중이 제 몫을 많이 차지했습니다. 그것을 알고도 포숙아는 그를 욕심쟁이라고 탓하지 않았습니다. 관중이 자기보다 가난하다는 사실을 잘 알고 있었기 때문입니다.

관중이 관직에 있을 때였습니다. 그가 관직에서 여러 번 파면되자 포숙아는 그를 무능하다고 욕하지 않았습니다. 삶에 운과 불운이 함께 존재한다는 것을 알고 있었기 때문이었습니다. 또 전쟁이 날 때마다 도망쳐 왔어도 비겁하다고 비난하지 않았습니다. 그에게는 늙은 어머니가 있음을 알고 있었기 때문입니다. 뒷날 춘추오패의 하나인 환공을 도와 천하를 움직이는 대 정치가가 된 관중은 이렇게 말했습니다.

"나를 낳아준 것은 부모지만 나를 알아준 것은 포숙아다."

주식시장은 수시로 급등락을 거듭하고 있습니다.

수익과 손실을 떠나서 정신적인 피로감이 크게 누적될 수 있습니다. 상승할 때는 기쁨을 같이 나누고 하락할 때는 소주 한 잔을 같이 나눌 수 있는 친구가 필요합니다. 함께 의견을 나누고 정신적인 피로를 함께 풀 수 있는 동반자가 있다면 주식투자가 한결 수월해질 것입니다. 친구 사이에도 믿음이 필요하겠지만 때로는 내가 결정한 시황분석과 매수 종목을 믿어 보는 여유도 필요할 것입니다.

| 코뿔소의 선택

맹수가 되려면 날카로운 이빨과 억센 발톱을 지녀야 하고 순한 짐승이 되려면 뿔을 가져야 합니다. 뿔이냐 이빨이냐. 코뿔소가 아직 이빨이 없던 시절에 고민을 참 많이 했습니다. 육식을 하려면 이빨을 키워야 했고 초식을 하려면 뿔을 세워야 했던 것입니다.

풀이냐 고기냐? 뿔이 없던 시절에 코뿔소는 무엇을 먹고 살지에 대하여 고독하게 생각해 보았습니다. 그리고 판단이 잘 서지 않아 산속 스님들의 생활과 골짜기에 사는 속인들의 삶을 비교해 보았습니다.

스님들은 비록 머리에 뿔은 없었으나 평화롭게 보였고 속인들은 야수의 이빨은 아니었으나 이해득실로 얽혀 늘 싸우는 것처럼 보였습니다. 그리하여 코뿔소는 스님의 삶 쪽에 선택하기로 했고 머리에 뿔 없은 다른 짐승들과는 달리 고독의 상징처럼 코 위에 뿔을 세우기로 했습니다.

나중에 어느 고승이 코뿔소의 선택을 기뻐하며 제자들에게 말하였습니다.

"무소의 뿔처럼 혼자서 가라!"

주식투자를 하는 다양한 투자가들을 생각해 보았습니다. 매일 아침마다 장중매매에 필요한 급등주만 찾아다니는 투자가가 있습니다.

무엇을 사기 위해 항상 바쁘게 움직이는 투자가들을 바라보면서 맹수의 이빨을 떠올려 보았습니다.

반대로 증시의 흐름에 순응하면서 주도주를 공략하는 투자가가 있습니다. 무리한 욕심을 부리지 않고 편안한 마음으로 높은 수익률을 올리는 투자가들을 볼 때는 뿔을 가진 순한 짐승으로 비교를 해 보았습니다.

날카로운 이빨을 앞세우고 매일 바쁘게 수익률을 찾아다니는 야수를 선택하지는 마시기 바랍니다. 마음 편하고 여유 있게 투자하면서 차근차근 수익률을 올려보시기 바랍니다.

| 생각하기 나름

어느 산골에서 숯을 굽는 사람이 당나귀 등에다 숯을 잔뜩 싣고 길을 나섰습니다. 장에 내다 팔려는 것이었습니다. 당나귀를 몰고 가던 길에 그가 길을 재촉했습니다.

"어서 가자 어서가! 이십 리 길이다."

그러자 당나귀가 발걸음을 멈추더니 그 자리에 털썩 주저앉았습니다. 숯장수가 일으켜 세우려 했지만 당나귀는 꼼짝도 하지 않았습니다. 숯장수가 회초리를 들이대며 말을 했습니다.

"이놈이 벌써 꾀를 부리네."

그러자 당나귀가 말을 했습니다.

"주인님 그게 어디 회초리를 들이댄다고 될 일이오. 이십 리 길이라면 왕복 사십 리 아닙니까. 눈앞이 캄캄하외다."

"당나귀야 그렇지 않단다. 네가 꾀를 부리지 않고 부지런히 걸으면 왕복 십리도 안 되지만 네가 꾀를 부리면서 이렇게 어기적거리면 왕복 이백 리도 넘을 거다."

그러자 당나귀가 벌떡 일어나 달렸습니다.

한마디로 느낌의 차이입니다.

모두가 알고 있는 내용이지만 읽을수록 사물을 바라보는 시각에 변화가 생기고 있습니다. 긍정적인 시각과 부정적인 시각의 차이에 따라 결과에 많은 차이가 생기고 있습니다.

1년 전에 1,000만원 가지고 주식투자를 시작하였는데 손실을 보고 지금은 400만원이 남아 있습니다. 불과 1년 동안에 쌈짓돈 600만원을 잃어버렸다고 실망한다면 허탈감에 다시 원금을 회복하기가 어려울 것입니다.

하지만 아직도 투자할 자금 400만원이 남아 있다고 생각한다면 언제든지 원금을 회복할 수 있을 것입니다. 600만원 잃어버린 것은 모두 잊어버리고 이제부터 400만원이 원금이라고 생각하고 새로운 출발을 시도한다면 성공할 수 있습니다.

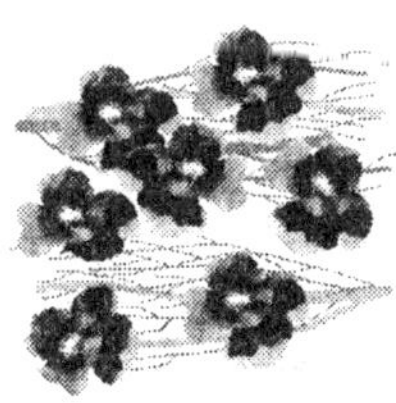

| 아기새와 어미새

이제는 알 속에서 나올 때가 되었다고 생각한 아기새가 어미새에게 말했습니다. "어머니, 제가 알을 까고 나올까 합니다. 저는 안에서 껍질을 쪼겠으니 어머니는 밖에서 쪼아 주세요. 그러면 한시라도 빨리 나올 수 있지 않겠어요?"

어미새가 말했습니다.

"그럴 수는 없다. 어미인 나도 그랬고 할머니도 그랬고 할머니의 할머니도 그랬단다. 우리 조상 중에는 그런 어미가 없다. 그러니 네 힘으로 알을 깨고 나오너라."

알 속에서 막 껍질을 쪼려던 아기새가 말했습니다.

"그러다가 제가 알을 까고 나오지 못한다면 다른 새들이 어머니를 비웃지 않겠어요? 무능하고 못난 어미라고요."

어미새가 말했습니다.

"애야, 그때는 무능하고 못난 새끼라고 너를 비웃지 않겠니?"

아기새와 어미새가 처음으로 나누고 있는 대화입니다.

어미새는 알을 낳고 또 알을 품어주어 아기새가 세상 밖으로 나올 수 있도록 많은 노력을 기울이고 있습니다. 이제 마지막 알껍질을 깨고 세상 밖으로 나오는 일은 아기새의 역할입니다.

항상 습관적으로 글을 읽을 때나 사물을 볼 때면 주가와 연관시켜서 생각하기 바랍니다. 필자가 맡은 일은 어미새의 역할이라 생각하고 있습니다. 시황을 분석하고 주도주를 선정해 주기도 하고 지금이 상승장세인지 아니면 조정장세인지를 판단하여 안전한 길로 안내하여 줍니다.

그리고 아기새의 역할은 바로 여러분이라 생각하고 있습니다. 주도주 중에서 삼성전자를 살지 LG전자를 살지는 여러분이 선택해야 할 사항입니다. 그리고 100주를 사야할지 5,000주를 사야할지는 바로 여러분이 판단을 하셔야 합니다.

여러분의 여행을 편안하게 안내하는 것은 필자의 역할이고 여행에서 많은 것을 배우고 깨우치는 것은 여러분의 역할입니다. 알에서 직접 깨어 나오는 고통의 시간이 지나고 나면 태양의 따뜻한 햇살을 맞이할 수 있습니다.

| 바보가 생각한 균형

어떤 사람이 바보를 시켜 시장에 가서 염소 두 마리를 사오게 했습니다. 그 사람은 바보에게 암놈과 수놈으로 사올 것을 신신당부를 했습니다.

"잘 데리고 와야 한다. 새끼를 칠 것이니까?"

바보가 기왕이면 덩치가 엇비슷한 놈으로 골라서 사가지고 끌고 오는데 오는 길에 한 놈이 그만 다리가 부러지고 말았습니다. 바보는 그래도 죽지는 않았으니 다행이다 싶었습니다.

하지만 다리가 부러진 놈을 그냥 끌고 갈 수는 없었습니다. 그래서 바보는 튼튼한 나무를 구해다 그 놈을 한쪽에 매달았습니다. 어깨에 메고 갈 생각이었습니다.

그러나 염소가 한쪽 끝에만 매달려 있어서 어깨에 멜 수가 없었습니다. 이리저리 궁리를 하던 바보가 네 다리를 뻗고 서 있는 다른 염소를 바라보며 회심의 미소를 지었습니다.

"그렇지, 이놈의 다리를 마저 부러뜨려서 양쪽에 매달고 가자."

바보는 다른 염소의 다리를 마저 부러뜨리더니 나무 양쪽에 각각 매달았습니다. 그것을 어깨에 메니 균형이 잡혔습니다. 덩치가 서로 비슷했으니까요.

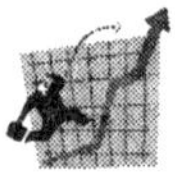

바보의 이야기를 또 다시 읽었습니다.
아마도 바보의 행동을 탓하고 계실 것입니다.

하지만 가끔 주식투자를 하시는 자신을 뒤돌아보시기 바랍니다. 여러분 중에서도 바보같이 투자를 하시는 분들이 많이 계실 것입니다.

소를 팔아서 돼지를 사고 또 이제는 돼지를 팔아서 염소를 사고 염소를 팔아서 오리를 사고 있지는 않습니까? 주도주를 가지고 있다가 너무 많이 올랐다 생각하고 그동안 오르지 못한 소외주로 갈아타고 있습니다.

즉, 주도주를 가지고 있다가 너무 많이 올라가니 불안하여 장중에 흔들리는 틈을 이용하여 급하게 팔아버렸습니다. 그리고 덜 오르고 바닥이라고 생각하는 소외주를 마음 편하게 매수했습니다. 그리고는 매우 안심합니다.

그런데 하루 이틀 시간이 지나고 나니 팔았던 주도주는 연일 상승하고 있는데 바닥이라고 사두었던 소외주는 꼼짝도 안하고 계속 바닥만 지키고 있습니다. 지금이라도 소외주를 팔아서 주도주로 다시 교체하고 싶지만 팔았던 가격이 자꾸만 생각납니다.

그렇게 하루 이틀 시간이 더 흐르다 보니 점점 더 격차는 벌어지고 이제는 더 이상 참을 수 없게 됩니다. 하지만 이제 와서는 팔지도 못하고 사지도 못하고 포기하게 됩니다. 아니면 에라 모르겠다 하는 심정으로 소외주를 팔고 다시 주도주로 갈아탈 수도 있지만 이때는 대부분 물량상투가 되고 맙니다.

주식투자를 하면서 항상 정답만을 얻을 수는 없습니다. 자주 틀릴 수 있습니다. 하지만 빨리 정답을 찾아 돌아오는 것이 매우 중요한 일입니다. 틀렸다고 생각하는 그 순간 빨리 정답을 찾아 돌아오는 현명한 지혜가 필요합니다.

| 머리와 꼬리의 역할

도마뱀의 머리가 꼬리에게 말했습니다.

"꼬리여, 도마뱀에게는 머리가 꼬리보다 귀한 것이다. 내가 없으면 도마뱀이 도마뱀일 수가 없다. 꼬리 너는 떨어져 나간다 해도 새 꼬리가 나오지 않느냐."

꼬리가 말했습니다.

"머리여, 네가 나보다 귀하다는 건 나도 인정한다. 그래서 어쩌란 말인가?"

머리가 꼬리에게 말했습니다.

"그런데 내가 왜 매일 앞장서야 한단 말인가. 도마뱀을 위협하는 건 대개 앞에서 나타나지 않느냐. 지난번 그 무시무시한 뱀도 앞에서 나타나지 않았냐구. 그러니 이제부터는 꼬리 네가 앞장서라."

그리하여 꼬리가 앞장을 서게 되었는데 돌부리에 부딪치고 나무에 휘감기고 구덩이에 빠지고 엉망진창이었습니다. 이를 보고 다른 도마뱀이 말했습니다.

"이봐, 넌 어째서 뒤로 가니?"

순리대로 행하지 못하는 결과를 보았습니다.

머리가 제 역할을 다하고 꼬리가 제 역할을 다해 주어야 안전하게 생명을 보전할 수 있습니다. 머리가 꼬리를 앞세우고 안전을 꾀하지만 오히려 더 위험을 부르고 있습니다.

과거에 보면 장세를 비관적으로 보는 일부 기관투자가들이 의도적으로 매도공세를 펼치는 경우를 보아왔습니다. 계속해서 매도공세를 펼쳐도 상승장세가 꺾이지 않자 갈수록 필사적인 매도공세로 변했습니다.

장세판단에 대한 실수를 인정하고 순리대로 상승장세에 순응하면 좋을 것입니다. 장세흐름에 순응하지 못하면 커다란 손실은 불가피합니다.

항상 순리대로 장세를 판단하면서 증시흐름에 순응하는 노력이 필요합니다. 순응하는 자세는 안전한 투자이고 성공투자를 보장받는 것입니다.

| 증시의 비밀은

해안가로 나온 닭이 난생 처음 바다를 보았으나 바다가 뭔지 알 수 없었습니다. 때마침 모래톱으로 밀려온 조개를 보자 그는 뒤뚱거리며 얼른 뛰어갔습니다.

"바다의 비밀을 말해봐!"

닭이 조개를 쪼아대며 다그쳤습니다. 그러나 영문을 모르는 조개는 입을 다문 채 침묵할 수밖에 없었습니다.

"어서 바다의 비밀을 말하라니까."

닭이 다시 조개를 쪼아대며 고문을 했으나 조개는 끝내 묵묵부답이었습니다.

"이놈은 입을 열지 않는군."

닭은 다시 뒤뚱뒤뚱 해안가를 거닐다가 입이 벌어진 조개껍질을 보았습니다.

"바다의 비밀을 말해봐!"

조개껍질을 쪼려다 보니 조개의 혀가 없었습니다. 다른 조개껍질들도 마찬가지였습니다. 텅 빈 채 모두 혀가 없었습니다. 닭이 혼자 바다를 바라보며 중얼거렸습니다.

"그것 참 이상하군. 입 벌린 놈들은 죄다 혀가 없고 혀 있는 놈은 입을 꽉 다물고 있는 걸 보면 바다의 비밀이 엄청나긴 엄청난 모양이야."

바다의 비밀을 알고 싶은 닭의 모습을 보았습니다.

설사 조개라고 바다의 비밀을 알 수가 있겠습니까?

우리가 땅의 비밀을 모르듯이 조개도 바다의 비밀을 알 수 없을 것입니다.

조개는 바다를 다 알지 못하며 그저 나 하나 부지하는 정도의 좁은 공간을 온 세상으로 알고 지냈을 것입니다. 경험하지 못한 세상을 찾아서 떠나 보는 용기가 없었을 것입니다.

이제는 증시의 비밀을 알아야 하겠습니다. 누구를 붙들고 물어보아야 하나요? 증권사 건물을 붙들고 물어볼 수도 없습니다. 증권사 직원을 붙들고 물어보아도 저 하나 울타리를 벗어나지 못하고 있습니다.

여러분들은 증시의 비밀과 더불어 수익률의 비밀을 알고 싶어 합니다. 어떻게 하면 수익률을 올릴 수 있는지 그 비밀을 알고 싶어 합니다. 저는 항상 자신 있게 강조합니다. 정석투자!

| 양의 정직을 통해서

어느 숲 속에 지혜로운 이리 한 마리가 있었습니다. 하루는 배불리 점심을 먹고 들판을 거닐다가 양 한 마리를 만났습니다. 이리를 본 양은 너무 놀라서 그 자리에 쓰러지고 말았습니다.

그러나 이미 배가 부른 이리는 양을 잡아먹을 생각이 없었습니다. 하지만 한번 시험을 하고 싶어졌습니다. 그래서 양에게 바른말 세 가지만 하면 살려주겠노라고 점잖게 말했습니다.

이 말을 들은 양은 간신히 정신을 차리고 잠시 생각하더니 말했습니다.

"저는 길을 걸어오면서 이리를 만나지 말았으면 좋겠다고 생각하고 있었습니다."

"그래. 그럼 다음은 무엇이냐?"

"다음은 만일 운수 사납게 이리를 만나더라도 이리가 앞못 보는 장님이길 빌었습니다. 장님이면 잡히지 않고 도망칠 수 있으니까요."

"음, 그럼 마지막으로 세 번째는?"

"이리는 언제나 우리를 잡아먹으려고 합니다. 그래서 저는 하느님께서 이리들에게 벌을 내려 모두 없어졌으면 좋겠다고 생각했습니다."

양의 말을 듣고 난 이리는 양의 정직함에 감탄하여 그대로 살려주어 보냈습니다.

죽음 앞에 서 있는 힘없는 양의 용기가 돋보이고 있습니다.

주식투자를 하다 보면 위기국면에 처하게 되는 경우가 수시로 있습니다. 위험에 직면하지 않는 것이 가장 좋지만 직면할 경우에는 슬기로운 지혜를 발휘하여 벗어나시기 바랍니다.

위기에 자주 직면하게 되면 점점 경험이 쌓이게 되어 큰 어려움 없이 벗어날 수도 있습니다. 위기국면을 슬기롭게 벗어나기 위해서는 정석투자가 바람직해 보입니다.

주식투자를 하면서 매도신호가 나오면 팔면 되는 것입니다. 하락국면은 가능한 한 빨리 빠져 나오는 것이 현명한 투자방법입니다.

매도신호가 나오면 파는 것이고 이후 매수신호가 나오면 다시 매수하면 되는 것입니다. 매도신호가 나온 종목을 기적을 바라는 마음으로 계속 보유하는 것은 어리석은 투자방법입니다.

정석투자는 쉽고 안전하게 투자하는 방법입니다. 매수신호가 나오면 사는 것이고 매도신호가 나오면 팔면 되는 것입니다.

| 어머니와 시집간 딸

어떤 어머니가 시집간 딸에게 일러주었습니다.

"내 딸아! 네가 만약 네 남편을 왕처럼 존경한다면 네 남편은 너를 여왕처럼 대우해 줄 것이다. 그러나 네가 그를 노예처럼 취급한다면 남편도 너를 노예처럼 대우해 줄 것이다.

네가 자존심이 강해서 그에게 봉사하는 것을 싫어한다면 그는 힘을 사용하여 너를 여종과 같이 다루고 말 것이다. 만약 네 남편이 친구의 집을 방문하고자 한다면 그를 목욕탕으로 데리고 가 몸을 깨끗이 하게 한 뒤 보내야만 한다.

또 네 남편의 친구들이 집에 놀러 온다면 가능한 한 잘 대접을 해야 한다. 그렇게 하면 네 남편은 너를 소중히 여길 것이다. 언제나 가정에 주의를 기울이고 그의 물건을 소중히 여겨라.

그렇게 하면 그는 기뻐하며 너의 머리 위에 관을 씌워줄 것이다."

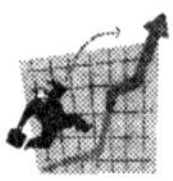

좋으나 싫으나 한번 시작한 주식시장입니다.

잘하면 내 탓이요 못하면 네 탓이라 말하고 있습니다.

때로는 증권사 직원이 원망의 대상이 되기도 합니다. 손실을 볼 때마다 목소리가 커지기도 합니다.

하지만 내 주위에 있는 모든 사람들과 주식시장을 가능한 한 예쁜 눈으로 바라보기 바랍니다.

내가 먼저 신뢰를 가지고 주위사람들을 대한다면 분명 나에게도 신뢰의 눈길이 다가오게 될 것입니다.

또한 여러분들은 지금 보유하고 있는 종목이 나에게 기쁨을 주리라 기대하면서 포근한 눈빛으로 바라보기 바랍니다.

때로는 나를 서운하게 만드는 주식시장이지만 언젠가는 나에게 희망을 줄 것이라는 기대감을 가져야 합니다. 오고 가는 따뜻한 마음속에 주식투자가 즐거울 것입니다.

| 진실이 승리하기까지

제1차 세계대전 영국과 프랑스 연합군이 독일군에게 계속 패하고 있었을 때의 일입니다. 영국 일간지 「데일리메일」지는 전쟁패배 원인을 면밀히 조사한 결과 영국군의 병기가 독일군의 병기보다 상당한 결점이 있음을 알아내고 그 기사를 당당히 실었습니다.

당시 영국의 각 신문들은 연일 유리한 보도만 게재하고 불리한 정보는 일체 비밀로 해 왔습니다. 때문에 「데일리메일」지의 기사를 믿는 사람이 아무도 없었습니다.

그러나 노스클리프 사장은 그런 것에 상관치 않고 계속해서 전쟁의 진상을 발표하여 「데일리메일」지는 이적행위를 한다는 비난과 함께 발행 부수도 점차 줄어들었습니다. 그래도 진상보도를 중지하지 않고 계속 실행했습니다.

한참 뒤에 국민들은 겨우 그 진실을 알게 되었고 내각이 책임을 지고 물러났습니다. 로이드조지를 수반으로 하는 새 내각이 생겨났고 병기를 개선하여 군의 증강을 급속도로 추진했습니다. 이리하여 전황은 일전하여 연합군의 승리로 끝이 났던 것입니다.

진실의 중요성을 보여준 사례입니다.
주식투자가에게 있어서 매우 중요한 사실입니다.
주식투자가들은 보유종목에 대해 좋은 소식만 들으려 하고 나쁜 소식은 가능한 한 들으려 하지 않고 있습니다. 때로는 나쁜 소식을 전해준 사람을 미워하는 경우도 있습니다.

시황분석가는 현 증시상황을 알고 있는 그대로 전해주어야 할 것입니다. 예를 들어 어제 삼성전자를 적극 매수추천했는데 바로 오늘 들리는 소식과 차트를 살펴보니 하락할 가능성이 높을 수도 있을 것입니다.

그럴 때는 당연히 매수추천을 취소하고 매도를 권하는 태도가 필요합니다. 또한 주식투자가들은 항상 많은 정보와 더불어 당장은 듣기가 싫더라도 진실된 정보를 듣기 위해 노력해야 할 것입니다.

상대방의 진실된 소리를 잘 듣는 투자자세가 성공투자로 이어지는 것입니다. 어제까지는 삼성전자가 장세를 주도했어도 오늘 갑자기 아니라고 말하는 용기 있는 사람을 미워하지 말기 바랍니다.

주식시장은 아침에 매수하여 오후에 매도할 수도 있습니다. 어제는 못 팔아서 아우성이지만 오늘은 못 사서 아우성을 칠 수도 있습니다. 항상 진실된 소리를 가까이하고 모두 수용할 수 있는 아량을 가져 보길 바랍니다.

| 부자가 되는 비결

어느 마을의 가난한 농부가 고을의 부자를 찾아가서 물었습니다.

"어떻게 하면 어르신처럼 부자가 될 수 있는지 그 비결을 가르쳐 주십시오."

부자는 농부를 우물가로 데리고 가 거기 있는 항아리에 물을 가득 채우라고 했습니다. 농부는 부자가 시키는 대로 물을 길어다 항아리에 부었으나 도무지 물이 고이질 않았습니다.

이상하게 생각한 농부가 속을 들여다보니 독은 밑이 빠져 있었습니다. 화가 난 농부가 부자를 찾아갔습니다. 그러자 부자는 그러면 내일 다시 우물가로 나오라고 했습니다.

이튿날 농부는 우물가에 나갔습니다. 이번에는 말짱한 새 항아리에 물을 채워 넣으라고 했습니다. 그런데 막상 물을 푸려고 하니 이번에는 두레박의 밑이 빠져 있었습니다.

농부는 할 수 없이 밑 빠진 두레박으로 물을 긷기 시작했습니다. 쉽게 물이 떠지지는 않았지만 한참 동안 두레박에서 한 방울 두 방울 떨어지는 물을 항아리에 받다 보니 마침내 저녁이 되어 항아리를 채울 수 있었습니다.

이 모습을 지켜본 부자가 그제야 빙그레 웃으며 말했습니다.

"이제 알겠나? 바로 그것이 내가 재산을 모은 비결일세."

읽기에 편한 글이고 언젠가 한 번 이상은 들어본 듯한 이야기입니다. 돈을 벌고자 하는 주식투자가에게도 매우 소중한 이야기입니다. 주식투자는 높은 수익률을 올리는 것이 첫 번째 목표입니다.

이 글을 읽으면서 재산을 모으는 비결을 배웠습니다. 이제는 수익률 올리는 비결을 알아보도록 하겠습니다. 종종 몇몇 투자가들은 일확천금을 바라기라도 하듯이 아니면 로또를 투자하듯이 주식투자를 하고 있습니다.

두레박에서 한 방울 두 방울 떨어지는 물방울을 모으듯이 작은 수익률을 모아서 큰 수익률을 만들어 보시기 바랍니다. 주도주를 찾아서 과감하게 길목을 지켜보는 용기를 갖고 한 계단 한 계단 밟아 올라가는 투자를 시도해 보시기 바랍니다.

| 건강의 비결은

일흔 다섯이란 나이에도 불구하고 젊은이 못지않게 무척 건강한 노인이 있었습니다. 어느 날 의원이 노인을 진맥해 보고는 신기한 듯이 물었습니다.

"그 연세에 근력이 참 좋으십니다. 무슨 비결이라도 있습니까?"

노인이 웃으며 말했습니다.

"물론 있고말고요. 갓 결혼하자 난 아내와 약속을 했습니다. 만일 내가 화가 났을 때는 아내가 말대꾸도 하지 않고 부엌으로 나가고 대신에 아내가 성이 났을 때는 내가 밖으로 나가 산책을 하기로 말입니다. 그런 약속을 한 덕분에 난 오십년 동안 같이 살면서 산책을 많이 했답니다. 그러니 몸이 건강해질 수밖에요."

건강하게 사십시오!

좋은 아내를 둔 덕에 건강을 유지할 수 있었습니다.

그런데 여러분은 어떻게 하지요?

필자는 산책을 갈 일이 전혀 없으니 저의 건강이 위협을 받고 있습니다. 여러분도 잘 생각해 보시기 바랍니다. 건강을 지켜 줄 아내를 두었는지.

몸의 건강도 중요하고 마음의 건강도 매우 중요합니다. 주식투자는 극도의 정신적인 고통을 요구하고 있습니다. 그러니 주식투자를 하시는 분들은 투자실력이 곧 정신건강으로 연결됩니다. 만일 상승장세가 지속된다면 오히려 건강이 나빠질 수도 있을 것입니다.

지난 1990년도 초반과 IMF 이후에 증시 침체기를 겪는 동안 주식공부를 많이 할 수 있었습니다. 본의 아니게 한 번 고민할 주가흐름을 두 번 이상 보게 되면서 분석 실력이 크게 늘어나게 되었습니다.

온실 속에서 자란 나무보다는 비바람을 맞으며 자연 속에서 자란 나무가 적응력이 강할 것입니다.

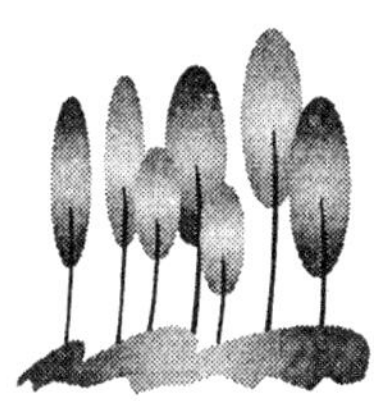

| 두 개의 십자가

각별한 신앙심을 가진 두 형제 크리스천이 있었습니다. 형의 신앙은 광신적이고 고행적이며 동생의 신앙은 평범하고 생활적이었습니다.

형은 잠자는 시간 외에는 거의 모든 시간을 교회나 기도원에서 보냈습니다. 그는 생업을 갖지 않았습니다. 그에게는 최소한의 경제적 물질만이 필요했기에 육신을 위해 아까운 시간을 낭비할 수 없었습니다.

교회나 기도원이 그의 잠자리였기에 주거의 문제는 그리 중요하지 않았습니다. 먹을 때보다 금식할 때가 더 많았으니 끼니 때우는 문제도 그리 심각한 것은 못 되었습니다.

그런데 그들 형제에게는 매년 아주 중요하고 힘든 신앙행사가 있었습니다. 형은 해마다 부활절이 오면 예수 그리스도가 겪은 십자가의 고난을 그대로 재현했습니다.

그는 나무로 만든 십자가를 지고 마을 뒷산 위에 올라가 스스로 그 십자가 위에서 못 박혔습니다. 손바닥 위에 날카로운 못을 박으면 그는 고통을 못 이겨 "주여! 주여! 구원해 주소서" 소리쳤습니다.

그러나 그는 이 고통에서 그리스도의 아픔에 동참하는 엑스터시를 맛보았습니다. 그에겐 이제 이 체험이 무엇과도 바꿀 수 없는 소중한 것이 되었습니다. 그러나 그 다음은 동생의 차례였습니다.

유혈이 낭자한 형을 업고 산을 내려와 병원에 입원시키는 일은 십자가를 지는 것만큼이나 그에게는 더 힘든 일이 되었습니다. 형이 완치되어 퇴원하는 데는 꼬박 2개월이 걸렸습니다. 간호와 치료비는 언제나 동생의 몫이 되었습니다.

그리고 형은 다시 다음해의 십자가 고행을 무사히 감당할 수 있게 해달라고 철야기도와 금식기도를 시작했습니다. 그러나 동생은 형의 다음번 입원비를 벌기 위해 철야 연장근무와 금식을 시작했습니다.

형이 짊어진 보이는 십자가와 동생이 짊어진 보이지 않는 십자가 중에서 어떤 것이 진정한 십자가로 보입니까?

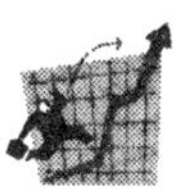

어떻게 살아야 하는가를 생각할 만큼 많이 살지는 못했지만 앞으로 어떻게 투자를 할 것인가는 항상 생각하고 있습니다. 그동안 여러 투자가들을 만나면서 본받을 사례와 멀리할 사례들을 구분해 보았습니다.

어느 투자가는 선물시장에서 원금의 몇 배를 한순간에 벌었다가 또 어느 날 원금의 대부분을 잃어버리는 무리한 매매를 반복하고 있습니다. 지금도 과거 수익률을 잊어버리지 못하고 무리한 매매를 계속 시도하고 있습니다.

선물시장에서 느껴 본 고수익으로 인해 수익률이 적은 주식시장에는 전혀 관심이 없습니다. 고수익과 고위험의 아슬아슬한 줄타기는 오늘도 이어지고 있습니다.

가능한 한 선물투자와 주식투자를 적절하게 조정하면서 수익과 위험의 균형을 맞추는 투자가 바람직합니다.

| 외나무다리

큰 개울을 가로지르는 외나무다리가 있었습니다. 어느 날 개울 양쪽에서 중년 남자와 청년 남자가 동시에 외나무다리를 건너고 있었습니다. 마주보고 건너오던 두 사람은 외나무다리 한가운데서 만났습니다.

"아니, 사람이 건너는 걸 보면서도 마주 건너오면 어쩌겠다는 거요?"

중년 남자가 짜증을 냈습니다.

"아니, 사람이 위독하여 약을 지으러 가는데 바쁘지 않은 사람이 좀 천천히 건너오면 안 됩니까?"

청년도 맞받아 역정을 냈습니다.

"누구는 안 바쁜지 아시오. 빨리 좀 비키시오."

"바쁘다니 댁에서 좀 비키시오."

두 사람은 각자 뒤를 돌아보니 건너온 거리가 까마득하여 양보하고 되돌아 갈 마음이 전혀 나지 않았습니다. 그래서 삿대질을 하며 입씨름을 벌였습니다. 한 시간이 지났습니다. 중년 남자는 별로 바쁠 것이 없는 입장이라 느긋한 마음으로 버텼습니다.

그러나 청년은 달랐습니다. 경각에 이른 어머니를 생각하면 이러고 있을 때가 아니었습니다. 좀 늦는 것이 빠른 길이라고 생각되어 할 수 없이 바쁜 그가 오던 길로 돌아섰습니다.

세상의 많은 갈등은 우선순위 때문에 일어나고 있습니다. 올바른 우선순위는 행복을 가져오겠지만 잘못된 우선순위는 불행을 가져오게 됩니다. 주식투자에서도 우선순위를 잘 살펴보시기 바랍니다.

지금이 주식을 보유할 때인지 아니면 현금을 확보할 때인지를 먼저 판단하기 바랍니다. 무엇이 우선되어야 할지를 잘 판단한다면 주식투자로 성공할 수 있습니다. 우선순위가 제대로 지켜진다면 주식투자가 순조롭게 해결될 것입니다.

돈이 급한 투자가가 현금을 확보하기 위해 서둘러 매도하자 주가가 큰 폭으로 상승하기 시작했습니다. 여유자금이 많은 투자가는 계속 주식을 보유하다가 높은 수익률을 챙기게 되었습니다.

물론 반대의 경우도 가능하여 서둘러 매도하자마자 주가가 큰 폭으로 하락했습니다. 여유자금이 많은 투자가는 계속 주식을 보유하다 큰 손실을 보게 되었습니다.

이처럼 나설 때와 물러설 때를 구분하고 자금의 성격에 따라서 성공 여부가 결정될 수도 있습니다.

| 지는 해를 아쉬워하며

나그네가 해가 지는 서쪽하늘을 바라보며 엉엉 우는 것이었습니다. 그런 하늘을 바라보고 있으면 어쩐지 숙연해지면서 감상적이 될 수 있으므로 사람들은 모른 척했습니다.

그런데 하루 이틀 그러는 것이 아니었습니다. 사람들이 아는 척을 하며 물어도 그는 고개만 설레설레 흔들 뿐이었습니다.

그 날도 그 사람은 해가 지는 서쪽하늘을 바라보며 엉엉 울고 있었습니다. 마침 그곳을 지나가던 수도승 하나가 그를 보고 말을 했습니다.

"도둑이 무섭긴 무서운가 보군."

그러자 이웃사람들이 주먹을 불끈불끈 쥐면서 나섰습니다.

"도둑이라면 우리들이 나서서 막으면 될 텐데, 어찌 그것 때문에 울고 있단 말입니까? 애들도 아니고?"

지나가던 수도승이 말했습니다.

"그런 도둑이라면 울 일도 없지. 하지만 마음속의 도둑을 어찌 그대들이 막아준단 말인가? 하루하루를 빼앗아 가는 그 도둑을?"

오늘 하루 잘 보내셨습니까?
매일 보람된 하루가 되기를 바랍니다.
혹시 오늘같이 좋은 기회를 놓쳐버렸다고 아쉬워하지는

않습니까? 그럴 경우에는 아마도 이 글에 나오는 나그네처럼 서쪽하늘을 바라보며 오늘을 돌려 달라고 통곡해야 할 것입니다.

주식투자는 매일 후회의 연속입니다. 장중에는 느끼지 못하였으나 오후장이 마감되는 순간부터 오늘 하루를 아쉬워하게 됩니다. 오늘은 꼭 매수하겠다고 생각했으나 혹시나 하면서 매수하지 못했습니다. 그래서 오늘도 어제처럼 아쉬워하고 있습니다.

하지만 매일 후회한다고 조금도 나아지는 것은 없었습니다. 또한 지나가는 해를 아쉬워하면 무엇하겠습니까? 바로 내일 다시 떠오르는 태양을 기다릴 줄 아는 자세가 더욱 필요할 것입니다.

지나가는 오늘을 아쉬워하듯이 내일은 또 다시 내일을 아쉬워할 것입니다. 가능하면 아쉬워하는 시간을 줄이기 바라는 마음입니다.

| 전화위복

한 사나이가 여행을 하고 있었습니다. 그는 당나귀와 개와 작은 램프를 가지고 있었습니다. 밤이 되자 그 사나이는 오두막 한 채를 발견하고 거기서 잠을 자려고 했습니다.

그러나 아직 자기에는 이른 시간이라 그는 램프를 들고 책을 읽기 시작했습니다. 그런데 잠시 후 바람이 불어 램프가 꺼지자 그는 할 수 없이 잠자리에 들었습니다.

그가 잠든 사이 이리가 와서 옆에 있던 개를 죽여 버리고 말았습니다. 잠시 후 사자가 와서 당나귀를 죽여 버렸습니다. 날이 밝자 잠에서 깨어난 사나이는 개와 당나귀가 죽은 것을 알고 램프만 들고 홀로 출발했습니다.

이윽고 어떤 마을에 이르게 되었는데 그는 전날 밤 도적이 나타나서 그 마을을 파괴하고 마을 사람들을 모두 죽였다는 것을 알았습니다. 만약 램프가 꺼지지 않았다면 그도 도적에게 발견되었을 것이었습니다.

또한 개가 살아있었다면 개 짖는 소리에 도적에게 발견되었을지도 모릅니다. 당나귀 역시 시끄럽게 했을 것임이 틀림없습니다. 모든 것을 잃은 덕택에 그는 도적에게 발견되지 않았을 것입니다.

그 사나이는 다음과 같이 깨달았습니다.

"인간은 최악의 상태에서도 희망을 잃어서는 안 된다. 나쁜 일도 좋은 일과 연결되어 있을 수 있음을 믿지 않으면 안 된다."

전화위복!

주식투자를 하다보면 하루에도 몇 번씩 희비가 엇갈릴 때마다 되새기는 단어입니다.

가끔씩 행운을 바라면서 셀리의 법칙을 기대해도 좋을 것입니다.

주식시장에서는 알게 모르게 오늘의 불행이 내일은 행운으로 변할 수 있으니 기쁜 마음으로 주식투자를 해 보시기 바랍니다. 오늘은 애물단지로 전락한 삼성전자가 내일은 애지중지 귀족주로 변할 수도 있습니다.

수시로 명암이 엇갈리는 증권시장은 이런 매력 때문에 혹시나 하는 마음으로 떠날 수가 없습니다. 오늘의 불행이 내일의 행복으로 변하길 바라는 마음으로 희망을 가져 보시기 바랍니다. 다음 이야기는 전화위복에 관한 '셀리의 법칙'입니다.

| 셀리의 법칙 I

- 집에 막 도착했을 때 나갔던 전기가 들어오는 것
- 물에 빠진 덕분에 그와 키스를 하게 되는 것
- 내가 30분 늦은 약속에 그는 35분 만에 나타나는 것
- 배고프고 돈 떨어진 날 친구를 만나 선배 결혼식에 가는 것
- 극장에서 새치기한 덕분에 10만번째 관객으로 뽑힌 것
- 마지못해 심부름 나간 동안 선배가 밀린 신문 값을 내는 것
- 선배가 새치기한 화장실에서 휴지가 똑 떨어지는 것
- 양말 구멍을 공들여 꿰맨 날 다 함께 갈빗집 가는 것
- 마지못해 배운 트롯 덕분에 회사 상사에게 점수 따는 것
- 일찍 일어난 김에 출근을 먼저 했더니 사장님과 마주친 것
- 마지막 남은 담배를 막 비벼 끈 순간 기다리던 버스가 도착하는 것

삼성전자 사려다 삼성전관 샀더니
삼성전자는 하락하고 삼성전관은 상승하고,
미래산업 사려다 미래와사람을 샀더니
미래산업은 하한가 미래와사람은 상한가

| 셀리의 법칙Ⅱ

- 새치기한 여자가 샤워하고 난 뒤부터 물이 콸콸 나오는 것
- 시험 포기하고 뒤적거린 잡지 내용이 기말시험에 나오는 것
- 비디오가게에서 빌리고 싶었던 테이프가 막 반납되는 것
- 세일기간 매장에서 발견한 맘에 드는 옷이 내 사이즈만 남아 있는 것
- 맘에 두고 있던 친구에게 막 연락하려던 순간 전화가 오는 것
- 우산을 선물 받고 오는 길에 때 아닌 소낙비가 내리는 것
- 심심해서 친구에게 전화했더니 그날이 바로 친구생일인 것
- 야유회 가려다 아픈 친구 문안 갔더니 창밖으로 폭우가 쏟아지는 것
- 탈까 말까 고민하다가 지하철을 타고 나서 막차라는 사실을 아는 것
- 술 먹고 저녁 늦게 들어와 보니 부모님이 친척 댁에 가신 것
- 공연장이 꽉찬 덕분에 2천원 내고 2만원짜리 자리에 앉는 것

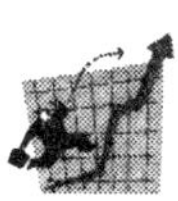

300주를 사서 30% 수익률을 올리고
팔려는 순간 잔고를 확인해 보니 아니 3,000주,
갖고 있던 1,000주를 판다는 것이
주문실수로 1,000주를 더 사게 되자 곧 이어 상한가

| 셀리의 법칙Ⅲ

- 카드전화기에 줄이 너무 길어 동전전화기로 갔더니 80원이 남아 있는 것
- 철 지난 옷을 정리하다가 뜻밖에 돈을 발견하는 것
- 내가 표를 사자마자 극장표가 매진되는 것
- 외출했다가 막 자리에 앉자마자 사장님이 사무실에 들어오는 것
- 폐차하려는 고물 자전거를 초보운전자가 들이받아 주는 것
- 새치기한 선배가 샤워장 들어가자마자 정전되는 것
- 차례를 기다리는 선배의 성화에 서둘러 샤워장을 나오자 물이 끊기는 것
- 시험감독관이 좌석을 바꿨는데 누가 바뀐 책상에 힌트를 다 써 놓은 것
- 엘리베이터 검사원보다 한 발짝 앞서 엘리베이터를 타는 것
- 사전을 펴자마자 찾는 단어가 눈에 들어오는 것
- 세탁소에 맡기려던 겨울외투에 카페 종업원이 커피를 쏟아 주는 것
- 내가 건널목에 도착하는 순간 신호가 파란 불로 바뀌는 것

38,000원 팔자가 33,000원으로 주문되자마자
36,500원에 체결되고 이후 30,000원까지 하락
돈 급하다는 친구 말에 얼떨결에 팔고 나니 이후 부도설

| 고스톱에 '나가리'를 아시나요?

고스톱은 투자의 기본입니다.

같은 거 있으면 먹기만 하고 계산은 다 해주겠다는 친구들 꼬임으로 처음 잡아본 '점 백' 고스톱.

시작은 좋았으나 시간이 흐를수록 지갑은 얇아지지요.

갈수록 걱정이 태산입니다.

피 한 장에 띠 한 장 갖다 놓은 게 고작인데 Go! Go! Go! 외쳐대는 선배형의 목소리!

고스톱은 중간에 죽을 수도 없으니 얼마나 괴로워요.

옆에서 광 팔고 죽은 얄미운 친구는 "피박에 광박이고…… 쓰리고 들어갔으니 이게 몇 배야? 8배네?" 하며 싱글벙글 약을 올리고…….

그런데 넘치는 웃음을 애써 깨물며 마지막 장을 넘기려던 선배형의 손이 멈칫하더니 얼굴빛이 시커머지는 겁니다.

"어, 왜 한 장이 없지? 야 너 한 장 더 가져갔지?"

"무슨 소리야, 이건 파토야 파토! 그러게 누가 쓰리고 하래?"

세상에 그런 걸 바로 '나가리'라고 한다지 뭐예요.

으하하하하하…….

증권시장에서도 셀리의 법칙이 종종 발생하지요.
여윳돈이 있어 얼떨결에 주식을 사봤어요.
그런데 사자마자 주가가 상승하기 시작하는 겁니다.
해외 외자유치가 성사단계에 있다나요?
며칠 반등도 했고 갑자기 돈도 필요해서 주식을 팔았지요.
그런데 팔자마자 주가가 하락하기 시작하는 겁니다.
성사단계로 알려진 외자유치가 불투명하다나요?

PART

02

주식시장에 얽힌 이런저런 이야기

제 5 장
증시스케치

| 정말 자장면을 먹었어요?

1980년도 중반 이후에 우리나라 경제가 3저 현상에 힘입어 국내경제가 크게 번창하던 시절이 있었습니다. 그 당시를 증권업계에서는 증권업계의 르네상스라 불렀으니 2008년도 하락장세와는 비교가 안 될 정도로 꿈같았던 시절의 이야기입니다.

그 당시 증권사는 꽤 괜찮은 직장으로서 대다수 젊은이에게 선망의 대상이었습니다. 특별 보너스에, 우리사주에, 가끔씩 예상치 않던 용돈까지도 지급되었습니다.

당시 증권사 직원들의 점심 메뉴는 기본이 도가니탕이었습니다. 당시 도가니탕이 10,000원이었고 곰탕과 설렁탕이 7,000원 정도 했습니다.

그리고 증권사 직원들은 식당에 들어가면 당연히 도가니탕을 먹었고 가끔 수육을 겸하기도 했습니다.

정말이었냐구요? 글쎄요. 가끔 잡탕밥이나 깐풍기 또는 등심불고기를 먹기도 했지만 그래도 가까운 한식집에서 도가니탕을 자주 먹었답니다. 왜냐하면 인원수대로 만원짜리 지폐를 꺼내서 지불하면 되니까 계산하기가 매우 편했기 때문입니다.

그 시절 점심을 먹다가 증권사 선배들로부터 불과 몇 년 전만 해도 우리는 돈이 없어 자장면 먹고 일했다는 이야기를 종종 들었습니다. 그 말을 들을 때마다 우리는 깜짝 놀라며 "증권사 직원이 정말 자장면을 먹었어요?"하고 눈을 크게 뜨고 전혀 이해가 안 간다는 표정으로 물어보기도 했습니다. 당시로서는 정말 이해가 안가는 이야기였고 어쩌면 그럴 수 있었을까 하고 괜한 상상들을 해보기도 했습니다.

그런데 시간이 얼마 지나지 않아 이러한 상상들이 모두 현실로 우리 곁에 다가왔습니다. 1990년도에 들어서 깡통 한파가 증권가를 몰아치자 그 모든 것들이 다 현실이 되었습니다. 증권사 직원들의 점심 메뉴가 도가니탕에서 자연스럽게 자장면과 짬뽕으로 변해갔습니다.

때로는 자장면을 사먹기에 부담이 가서 자주 분식집을 찾기도 했습니다. 우동이나 가락국수를 먹었으며 때로 운이 좋으면 공깃밥을 말아먹기도 했습니다. 이렇게 변하는 데 불과 2년이라는 시간이 채 안 걸렸습니다.

외환위기 이후에는 많은 증권사 직원들이 도시락을 들고 다니거나 사내식당을 이용하기도 하며 종종 도시락을 시켜먹기도 했습니다. 참으로 10년과 20년 전이라는 시간이 반복되며 시간을 거슬러 살아온 듯한 착각에 빠져들고 있습니다.

또 그렇듯이 시간이 흘러가면 언젠가 "우리는 불과 몇 년 전만 해도 자장면을 먹었었다."고 후배들에게 말할 것입니다. 그때 믿을 수 없다고 놀라는 후배들을 생각하면서 이 시절을 슬기롭게 넘겨보시기 바랍니다.

| 농촌총각이 부러워……

증권사 직원들의 지위는 그야말로 하늘과 땅을 오고갔다고 해도 과언이 아닙니다. 지난 1987~1989년의 증권사 직원들의 지위는 소위 잘 나가는 판사, 검사, 의사가 부럽지 않았습니다. 월급도 타 업종에 비해 많았고, 특별보너스도 수시로 지급되었으니 일하러 출근하는지 돈 받으러 출근하는지 구분이 잘 가지 않았습니다.

또한 입사한 지 일 년 남짓하여 우리사주를 받아 한밑천 챙기면 1억원이라는 돈도 쉽게 벌 수 있었습니다. 당시로는 꽤 많은 돈이었습니다. 그뿐인가요? 직접 투자해서 많은 돈을 벌 수 있었습니다. 몇몇 직원들은 3,000만원 투자하여 한 달에 10% 이상의 수익률을 올리고 있었으니 말 그대로 증권사 직원은 돈방석에 앉아 있었습니다.

일설에는 당시 마담뚜에게 있어 가장 선호하는 신랑감 후보 1순위가 바로 증권사 직원이었다는 소문도 있었습니다. 또한 영업점에서는 사윗감을 찾고자 증권사 객장을 순방하던 분들을 자주 볼 수 있었습니다. 그러다 맘에 드는 직원(사윗감)이 있어 결혼 여부를 물어보는 경우가 많았고, 이때 이미 결혼했다는 소식에 실망하는 분들도 더러 있었습니다.

하지만 그 뒤로 1~2년 정도 시간이 너무도 빨리 흘러가더니 1,000포인트 주가지수가 어느새 450포인트까지 주저앉고 말았습니다. 투자한 원금은 물론이고 증권업계에 깡통소리만 요란하게 들리더니 남아 있는 것이라곤 아무것도 없었습니다. 한순간에 모든 것이 다 물거품이 되고 말았습니다.

그러자 이제는 증권사 직원이 황금알을 낳는 거위에서 깡통 차고 쪽박 차는 거지신세로 전락하고 말았습니다. 그러니 불안하여 누가 증권사 직원을 이제 와서 좋아하겠습니까? 집안마다 있는 돈 없는 돈 모두 다 날려버린 증권사 직원들은 이제 '애지중지'에서 '애물단지'로 변해버렸습니다. 이런 상황에서 누가 신랑감이나 사윗감으로 생각이나 하겠습니까?

그 당시 재미있던 일화가 하나 있었습니다.

어느 증권사 직원이 여자 친구를 소개받기 위해 약속 장소에 나갔습니다. 상대방을 살펴보니 한눈에 호감이 가는 이상형이었습니다. 이런저런 이야기를 나누다가 "혹시 저의 직업에 대해서 알고 싶지 않습니까?"하고 물어보았더니, 글쎄 상대방이 "증권사 직원만 아니면 저는 다 좋아요!"하고 대답하였답니다.

당시 농촌총각이 장가가기 힘들다고들 하였지만 '농촌총각' 밑에는 '연변총각'이 있었고 '연변총각' 바로 밑에는 '증권사 직원'이 있다는 푸념 아닌 푸념이 있었습니다.

| 오후 3시 이후, 핸드폰과 삐삐

증권사 지점 영업맨들은 오후장이 끝나는 3시 이후를 말 그대로 자유시간이라 부르고 있습니다. 지점 분위기가 특별히 험악한 경우를 제외하고는 대충 뒷정리하고 지점 밖으로 나가서 고객을 만나는 등 자유시간을 누리기 때문입니다.

자유시간에는 선배들을 찾아뵙고 인사드리고 조언을 얻기도 합니다. 투자가들과 약수터가 있는 가까운 산에 올라가 막걸리에 보리밥이나 순두부찌개를 먹는 경우도 있습니다. 여름에는 직원들이나 고객들하고 수영장을 찾아가 물놀이를 하는 경우도 있고 겨울에는 가까운 스키장으로 야간 스키를 즐기러 일찍 떠나는 경우도 있습니다.

사우나탕에서 하루 종일 쌓인 긴장감이나 스트레스를 풀기도 하고, 때로는 집에 일찍 들어가 꼬마들과 동네 놀이터에서 놀아주다 보면 옆집 아주머니가 댁의 남편은 도대체 뭘 하시는 분이냐고 묻더라는 이야기도 있었습니다.

어쩌면 이런 이야기들이 지금은 옛 이야기가 되었는지도 모르겠습니다. 요사이는 영업환경이 어려워지기도 하였지만 무엇보다도 삐삐와 핸드폰이 생기고 난 이후에는 어디에도 마음 편하게 쉴 만한 장소가 없어졌습니다.

주가가 하락하면 증권사 직원들은 전화벨 소리를 매우 싫어합니다. 오후장이 끝나고 모처럼 일찍 퇴근하여 숨 좀 돌릴 만하면 꼭 핸드폰이 울리게 됩니다. 대충 섭외 중이라 둘러대고 친구들을 만나고 있으면 "사무실에 들렀다 퇴근하지!" 라는 말이 떨어지기도 합니다.

핸드폰은 연인들 간의 달콤한 사랑 이야기나 약속장소와 약속시간을 위하여 꼭 필요한 필수품이기도 합니다. 바쁜 세상에 편리함을 추구하기 위해 태어났지만 때로는 달콤한 휴식시간을 빼앗아 가기도 하고 숨을 만한 장소를 마구 파헤쳐 버리는 신종 '물귀신'의 역할을 하기도 합니다.

증권사 직원들 사이에 이런 웃지 못할 이야기가 있었습니다.

어느 날 증권사 직원이 산길을 헤매다가 그만 발을 잘못 디뎌 들고 있던 핸드폰을 연못 속에 빠뜨렸습니다. 한참을 찾아 헤매는데 갑자기 연못 속에서 산신령이 나타나 금핸드폰을 보이며 "이것이 네 것이냐?" 하기에 "제 것이 아닙니다" 하였습니다.

잠시 후 다시 나타나 은핸드폰을 보이며 "이것이 네 것이냐?" 하기에 "그것도 제 것이 아닙니다" 하였습니다.

잠시 후 다시 나타난 산신령이 잃어버린 핸드폰을 들고 나와 "이것이 네 것이냐?"하고 묻기에 "예, 그것이 바로 제 것입니다" 하였습니다.

그러자 산신령이 깜짝 놀라며 사무실에서 빨리 들어와 깡통정리 하라고 수도 없이 벨이 울렸다며 핸드폰을 건네주었다는 황당한 이야기가 있습니다.

| 마이카 시대의 주역

1980년대 후반 잘 나가던 증권사 직원들은 당시 불기 시작한 마이카 시대의 선두주자가 되었습니다. 대부분 증권사 직원들은 그 당시 소형 승용차로 인기를 끌었던 프라이드나 엑셀, 르망 정도는 대부분 몰고 다녔습니다.

심지어 여직원과 신입직원들까지 자가용 출근을 하게 되자 일간신문에 사회적인 위화감을 조성한다고 하여 크게 기사화되기도 했습니다. 자가용이 귀한 당시로는 꽤나 획기적인 기사거리가 되었습니다.

동창들 모임에 차를 몰고 나오는 건 대부분 증권사 직원이었고 2~3차를 거치는 동안 술값 또한 증권사 직원들의 당연한 몫이 되었습니다. 아마 지난 1999년도와 2000년도에 잘 나가던 벤처기업 직원들의 모습을 생각해 보면 이해하기 쉬울 것입니다.

증권사 영업점에서는 영업점 경비를 지출하기 위해 내일 밤마다 술자리를 마련해야 하는 사역 아닌 사역을 겪기도 했습니다. 일부 영업점에서는 쓰다가 남은 경비를 지점장 재량으로 직원들에게 특별 보너스로 지급하기도 했습니다.

증권사 직원들이 마이카 붐을 일으키면서 웃지 못할 이야기가 하나 있습니다. 당시 증권사 주식이 1주당 4~5만원 정도에 거래되었으니 대략 200주 정도만 팔면 소형차 하나씩 장만하는 데 충분했습니다. 그러니 너도나도 우리사주 200주를 팔아 자가용을 소유하게 되었습니다. 3년 정도 잘 타고 나서 중고시장에 팔았습니다. 그랬더니 3년 전에 팔았던 증권주 200주를 다시 사고도 돈이 더 남았다는 사실입니다.

이해가 잘 안가십니까? 다시 말하면 3년 전 4~5만원하던 증권주가 3년이 흐른 뒤 1만원대로 하락하였으니 다시 200주를 사고도 돈이 더 남았다는 사실입니다.

| 복날은 괴로워

지난 1989년도 어느 봄날 종합주가지수가 대망의 1,000포인트를 넘어서자 각 영업점마다 축하 샴페인을 터트리며 자축했습니다. 투자가들과 증권사 직원들은 우리의 행복이 지금은 물론이고 앞으로도 계속 이어질 것이라고 서로를 격려해 주었습니다.

돈을 들고 영업점을 찾아도 증권사 직원과 상담한다는 것이 매우 어려웠던 시절이었습니다. 증권사 직원과 상담을 하고 추천종목을 얻기가 매우 어려웠기에 직원들이 두들겨 보는 종목들을 어깨너머 바라만 보아도 행운으로 생각했습니다.

사실 일부 투자가들은 그 종목들을 메모해 두었다가 몰래 주문을 넣기도 했습니다. 그리고 그 종목이 올라가기라도 하면 주위사람들로부터 많은 부러움을 받았습니다. 그런 시절에 작은 에피소드가 하나 있습니다.

지난 1988년도 서울 올림픽이 한창이던 10월 초 어느 날 11시경에 남자 100m 결승전이 있었습니다. 어느 투자가는 캐나다 선수 벤 존슨이 미국 선수를 월등한 실력으로 이기고 우승했다는 소식을 속보로 전하면서 환심을 산 뒤 자연스럽게 증권사 직원과 점심을 먹자고 제의했습니다. 당시 증권사 직원과 몇 분간의 상담도 어려운데 점심식사를 같이 하는 것은 투자가에게 있어서는 매우 커다란 기회였습니다. 물론 이런 이야기를 지금 들으면 '호랑이 담배 피던 시절'이라며 그냥 웃어 넘기거나 전혀 믿지 않을 수도 있습니다.

어쨌든 이런 분위기가 활황장세와 함께 한동안 이어져 갔습니다. 그리고 어느 뜨거운 태양이 이글거리는 초복날의 이야기입니다. 아직 1,000포인트의 상승분위기에 한껏 젖어 있을 무렵이었습니다. 그런데 당시 증권사 직원들에게는 말 못할 고민이 생겼습니다. 무슨 고민이냐구요?

초복날 점심으로 맛있는 별식을 사겠다는 투자가들이 서로 자기가 모시겠다고 야단이었습니다. 그러니 누구를 따라가야 할지 아직 결정을 내리지 못하고 고민하고 있었던 것입니다. 김사장을 따라가자니 박사장이 서운해할 것이고, 오여사와 같이 가면 장여사가 기분이 상할 것이고…….

한동안 이런 고민(?)이 계속되고 있었습니다. 고민 끝에 혼자서 외치는 외마디 비명이 있었습니다. "누가 복날을 만들었을까?" 증권사 직원들은 당시 이런 행복한 고민을 하고 있었습니다. "아! 복날은 괴로워……"

| 지금 외출중이래요

증권사 객장에는 이 세상 모든 희로애락이 모두 모여 있습니다.

주가가 상승하는 날이야 이 세상에 이보다 더한 행복이 어디 또 있겠습니까? 자고 나면 프라이드 한 대가 늘어나고 소나타 한 대가 늘어나는 세상입니다. 그야말로 모두가 행운아이고 모두 다 행복해 보입니다. 나의 탁월한 선택으로 인하여 주가가 올라가고 있으니 모두가 착각 속에서 행복감을 누리고 있습니다.

하지만 주가가 반등다운 반등 한번 보여주지 못하고 연일 하락하기만 한다면 이보다 더한 정신적 고통은 없을 것입니다. 아마 지옥이 따로 없을 것입니다. 대출 받아서 사두었던 주식이 벌써 원금이 사라져 갑니다. 하룻밤 사이에 소나타 두 대가 날아가고 있으니 도저히 잠을 잘 수가 없습니다. 그러니 제대로 정신을 차릴 수가 없습니다.

단말기를 보고 있으면 떨어지는 주가에 가슴이 철렁거리고 그렇다고 단말기를 안 보고 있으면 궁금하여 더 불안하기만 합니다. 옆에서 누가 부르기만 해도 혹시나 하는 마음에 가슴이 철렁거립니다. 그중에서도 전화벨 소리는 저승사자의 목소리처럼 들려옵니다. 아마도 경험하지 못한 사람은 느끼지 못할 것입니다.

"내 주식 어떡해……, 내 돈 물어줘 ……"

김부장은 이 모든 고통에서 해방되고자 더 이상 자리에 앉아 있지 못하고 조용히 인근 사우나로 발길을 옮기고, 박차장은 수화기를 내려놓고 빈 회의실로 들어가 잠시 눈을 붙입니다.

오대리는 주위를 살펴보다가 여직원에 다가가서 "나에게 전화 오면 외출 중이라고 전해 줘"하고 책상 위의 수화기를 내려놓았습니다. 불안한 마음을 애써 감추며 자리에 앉아 잠시 휴식을 취하는 순간 멀리서 전화벨이 울렸습니다. 여직원 대신에 전화를 받았던 아르바이트 학생은 여직원의 급한 손짓을 보면서 순간 "지금 외출 중이래요"라고 대답했습니다. 그 말에 깜짝 놀란 오대리는 허겁지겁 자리에서 벌떡 일어났습니다.

| 욕심을 버리고 마음을 비우고

필자는 대학에서 수학을 전공했습니다. 1학년 때는 이공계열로 들어갔으며 2학년에 올라가면서 수학과를 선택했습니다. 고등학교 수학을 생각하고 수학과를 지망하였으나 갈수록 추상과 허무와 암기 속에서 헤어나지를 못했습니다.

문제를 풀 때마다 만나는 α, β, γ, … 등 갖가지 변수들이 매번 어려움을 주었습니다. 이들 변수들은 0은 아닌데 0에 수렴하는 아주 작은 수라고 정의했습니다. 또한 평행선은 서로 만나지 않지만 무한대(∞)에 가서는 만나게 된다고 위상수학에서 가르치고 있습니다.

따라서 사람마다 다르겠지만 제가 생각하는 수학은 0과 ∞를 깨우치는 학문이었습니다. '$1/\infty \Rightarrow 0$'이고 '$1/0 \Rightarrow \infty$'가 되니 0과 ∞의 관계에 대해 깊이 생각해 보았고 결국 인도철학을 조금 넘보게 되었습니다.

수학에서 '0'은 인도철학의 해탈의 경지인 '무(無)'의 세계와 통하고 있으며, '∞'는 완벽을 추구하는 '우주'의 개념과 통하고 있었습니다. 이 의미는 색즉시공 공즉시색(色卽是空 空卽是色)으로 이어졌습니다.

즉 '0'이 뜻하는 아무것도 존재하지 않는 세계는 곧 완벽한 세계인 '∞'를 뜻하고 있었습니다. 아마도 수행자들이 평생을 두고 참선을 하며 깨우치고자 하는 해탈의 경지가 바로 '0'의 세계와 '∞'의 세계가 아닌가 생각해 보았습니다.

수학도 바로 '0'과 '∞'의 개념을 깨우치는 심오한 학문이었습니다. 제가 생각하던 미분 · 적분이나 방정식을 구하는 수리적인 학문이 아니었습니다. 그래서 추상적이고 심오한 수학이 저에게서 조금씩 멀어져 갔습니다.

증권사 경제연구소에 들어와 주식공부를 하던 어느 날 등골이 오싹해지는 느낌을 받았습니다. 주식공부도 바로 '0'과 '∞'의 세계를 깨우치며 해탈의 경지를 요구하고 있었습니다. 하루아침에 해결할 수 없는 부단한 노력을 요구하고 있었던 것입니다. '0'을 생각하면서 마음을 비우고 욕심을 모두 버린다면 '∞'의 세계에 도달할 수 있었습니다. 결국 '0'과 '∞'는 서로 같으며 뜻이 통하고 있었습니다.

우리는 모두 저가에 사서 고가에 파는 BLASH(Buy Low And Sell High)를 바라고 있습니다. 모두의 마음속에는 바닥에 사서 상투에 팔기를 바라고 있을지 모릅니다. 하지만 주식투자는 '바닥을 확인하고 나서 무릎에서 사고 상투를 확인하고 나서 어깨에서 팔기'를 권하고 있습니다.

상투에서 팔기보다는 어깨에서 팔라는 말은 마치 길에 떨어져 있는 다이아몬드를 그냥 지나치라는 말과 같은 뜻이었습니다. 우리는 상투에서 가장 높은 가격으로 팔기를 바라고 있습니다. 하지만 실전에서는 가장 높은 가격인 상투에서 팔고자 하다가 매번 상승 도중에 파는 실수를 범하면서 "왜 내가 팔기만 하면 올라가지?"라는 말을 반복하고 있습니다.

사실 '상투를 확인하고 나서 어깨에서 팔고 바닥을 확인하고 나서 무릎에서 사는 것'은 주식투자의 중요한 격언입니다. 이 격언을 실천하기 위해서는 무리한 욕심을 버리고 마음을 비우는 노력이 필요할 것입니다.

마치 수행자가 평생을 두고 해탈의 경지에 도달하고자 노력하듯이 주식투자가들은 욕심을 버리고 마음을 비우는 노력을 기울여야 할 것입니다. 주식투자가들에게 있어 가장 어려운 일은 바로 욕심을 버리는 일입니다. 욕심을 버려야 성공투자를 얻을 수 있습니다.

| 양복은 아니야! 잠바가 진짜야!

증권사 객장에는 다양한 인생이 있습니다. 30대 이후 중년 부인과 50대 이상 할아버지 투자가들이 객장의 빈 좌석을 채우고 있습니다. 때로는 명예퇴직을 하신 30, 40대 젊은 남자분들도 객장의 한 부분을 차지하고 있습니다.

한 달 내내 한두 건 매매를 하는 얌체 투자가가 있는가 하면 하루에도 수차례 사고파는 우량고객이 있습니다. 투자금액이 몇백 만원에서 몇억 원에 이르는 다양한 계층이 함께 즐거움과 어려움을 나누고 있습니다.

매일 객장에 출근하시는 분들이 있는가 하면 오늘은 이 지점 내일은 저 지점을 떠돌아다니는 분들도 있습니다. 평소에는 뵐 수가 없지만 거래량이 증가하고 활황장세가 되면 꼭 나타나는 반가운 얼굴들도 있습니다.

어느 날 낡은 운동화에 허름한 잠바차림의 50대의 중년 남자가 증권사 객장에 나타났습니다. 미르고 작은 체격에 얼굴은 햇볕에 검게 그을린 모습이었습니다. 얼른 보았을 때 별로 호감이 가는 얼굴은 아니었으며 주식투자와는 거리가 멀어 보였습니다.

누가 보아도 돈하고 거리가 먼 일용직 노동자나 농사꾼 차림으로 보였습니다. 이 중년 남자는 객장을 한 바퀴 둘러보고 나서 가장 먼저 눈에 띄는 김차장 곁으로 다가갔습니다.

그리고 김차장을 바라보면서 조그만 목소리로 말했습니다.

"저, 상담을 하고 싶은데요."

그러자 중년 남자를 힐끔 쳐다본 김차장은 단말기를 계속 두드리면서 귀찮다는 듯이 말했습니다.

"저는 지금 바쁜데요. 저기 맞은편에 있는 조대리에게 가서 알아보세요."

이 말을 들은 중년 남자는 어색한 표정을 지으면서 맞은편 조대리에게 갔습니다. 평소 고객이 많지 않던 조대리도 별로 마음에 들지 않았지만 예의상 중년 남자를 맞아 주었습니다. 큰 기대보다는 단지 아량을 베풀어준다는 듯한 마음으로 의자를 권했습니다.

평소 다른 손님을 대할 때는 커피라도 권했으나 금방 해결될 것으로 보고 마지못해 맞이했습니다. 아마도 본인 스스로는 봉사정신이 강한 증권맨으로 생각하고 있었는지도 모릅니다. 가능한 한 빨리 상담을 마치고 퇴근할 마음이었습니다.

이때 중년 남자는 조심스럽게 말을 꺼냈습니다. 혹시라도 무리한 부탁을 하는 것이 아닌가 하며 매우 난처한 표정이었습니다. 주위를 한 바퀴 둘러보고 나서는 누가 듣기라도 할까봐 조그만 소리로 말하였습니다.

"여윳돈 10억이 있는데 어찌하면 좋을지 몰라서요. 주식투자는 처음이라서 ……"

이 말이 채 끝나기도 전에 조대리는 속으로 "심봤다!"를 외치며 벌떡 일어났습니다. 그리고 언제 가져왔는지 인삼차를 권하고 있었습니다. 이미 조대리 얼굴에는 환한 미소가 돌고 있었습니다.

나중에 알고 보니 이 중년 남자는 천안에서 사슴농장을 경영하고 있으며 일주일에 2~3일을 농장에서 보낸다고 했습니다. 그 동안 농장일을 보느라 남들이 다하는 주식투자를 배울 기회가 없었다고 했습니다.

이러한 사실을 뒤늦게 알게 된 김차장은 무척이나 아쉬워하였으나 이미 때는 늦었습니다. 담배 한 모금을 길게 빨아들이면서 사람은 외모로 판단하는 것이 아니라는 것을 다시 한 번 깨달았습니다.

"아~, 양복은 아니야! 잠바가 진짜야!"

제 6 장

상한가 하한가

| 짧고 굵게 거쳐 간 증권맨

장형!

장형 소식을 못들은 지가 벌써 10년이 넘어서고 있습니다. 언젠가 증권업계가 활황기를 누리던 시절에 만나 3년 이상 함께 근무하면서 좋은 시절과 어려운 시절을 모두 겪었습니다.

한마디로 단 맛 쓴 맛 모두 함께 보았습니다. 그 당시 연일 폭등하던 주가를 바라보면 언제까지라도 오를 것만 같았었습니다. 그때는 두려움보다는 내가 항상 제일이라는 자부심으로 매사 자신감에 차 있었습니다.

그러다 1989년도 연말에 12.12 부양책이 나오고 1990년도에 3당 합당이 이루어지면서 증권시장은 끝이 없는 낭떠러지로 떨어지고 말았습니다. 그냥 정신없이 바라만 보다가 어느 뜨거운 여름날에는 깡통정리라는 상상하지도 못한 상황을 맞이했습니다. 벌써 오래전 일이 되어버렸고 30대의 뜨거운 혈기가 이제는 지난 이야기가 되었습니다.

항상 누구에게도 지기 싫어했던 장형!

그 당시 작은 울타리 안에서 영업실적 1등하면 뭐하고 2등하면 뭐하고 꼴찌하면 무슨 차이가 있었습니까? 오르막길에서 제일 많이 올라간 사람이 다시 내리막길을 내려올 때는 더 많이 내려와야 했습니다. 열심히 일한만큼 보람도 많았겠지만 그 누구보다는 말로 표현하지 못하는 아픔이 더 많았습니다. 그래도 내색 한번 하지 않고 항상 웃음을 잃지 않으면서 당당했습니다.

한때 단란한 가정을 꾸려나가기 위해 장만했던 조그만 아파트도 몇 년을 살지 못하고 처분하고 말았습니다. 장형! 아직도 소식을 알 수가 없습니다. 그토록 많은 애착을 보였던 증권시장을 뒤로하고 조용히 홀로 떠나갔습니다. 마지막으로 소식을 들은 지가 벌써 10년이 지나가고 있습니다. 어디서 무엇을 하는지 궁금하기도 하지만 항상 열심히 살아가고 있으리라 믿고 있습니다.

지금도 전광판이 빨갛게 물들 때나 또는 파랗게 물들 때면 무엇보다도 먼저 장형이 떠오르고 있습니다. 마냥 지칠 줄 모르는 승부사로 항상 제 기억 속에는 남아 있습니다. 오늘도 짧고 굵게 증권업계를 거쳐 간 장형이 생각나고 있습니다.

| 상한가에 풀로 다 찍어!

서형! 지금도 증권업계 어디에선가 꼭 서형이 있을 것만 같은데 소식을 알 수가 없습니다. 서형과는 퇴근 후에 빈 사무실에 모여 앉아 다른 동료들과 포커를 치던 때가 자주 생각납니다.

포커 실력은 아직도 잘 모르겠지만 항상 돈으로 밀어붙일 때면 어중간한 플러시도 서형의 투페어를 풀하우스로 인정하고 꼬리를 감추었습니다. 증권업계에 꼭 필요한 동물적 배팅 감각이 남달리 뛰어났던 서형이 항상 포커판을 주도했습니다.

저는 서형을 통해서 인생의 깊은 맛을 조금이나마 느꼈습니다.

서형! 1980년대 초 고교를 막 졸업하고 증권업계에 들어왔지요. 1980년도 중반 결혼을 앞두고는 증권사 직원이라는 이유만으로 주위에서 반대가 심하였다지요. 결국 단둘이 성남시 어느 달동네 월세 단칸방에서 꿈 많은 신혼살림을 시작했습니다. 아마 찾아오는 사람이 없어도 행복했을 겁니다.

그러나 불과 1년 후 증권시장이 뜨겁게 달궈지면서 주위사람들로부터 대접이 달라졌다고 들었습니다. 1980년도 말에는 상계동에 38평 아파트도 구입했다지요. 또한 그 동안 갖고 싶었던 모든 가전제품들을 마음껏 구입해 보고 이것이 꿈인지 생시인지 구분하기 어려웠다지요. 예쁜 두 딸들 데리고 유치원에 가던 일이 무엇보다도 행복했었지요.

높은 산이 있으면 깊은 계곡도 있었습니다. 꿈같은 행복이 오래가지를 못했습니다. 누구를 탓하겠습니까? 깡통한파가 증권시장에 몰아치자 울창한 숲들이 한순간 모두 황무지로 변하는 것을…….

서형! 38평 아파트가 25평으로 변하고 조금 후에 주인에서 세입자로 변했다지요. 그것도 모자라 다세대 지하 단칸방으로 모든 꿈을 꾸겨 접었다지요. 철없는 꼬마를 유치원 못 다니게 할 때가 가장 서러웠다지요. 모처럼 새 신발 사주자 밤새도록 꼭 껴 앉고 자는 모습에 밤새 눈물을 흘렸다고 했습니다.

서형! 30대 초반. 적다면 적은 나이에 너무도 많은 것들을 겪을 수밖에 없었습니다. 그 모든 것을 접어두고 동물적 배팅감각은 서형이 최고였습니다. 저는 믿고 있습니다. 언젠가 다시 일어설 수 있다고, 꼭 일어설 수 있다고.

지금도 증권업계 어디에선가 서형의 주문 내는 소리가 들리는 듯합니다. '정자야! 상한가에 풀로 다 찍어!'

| 증권가의 새옹지마

윤지점장님! 강지점장님! 나에게는 기억이 남는 두 분의 지점장님이 계십니다. 부드러운 성품의 윤지점장님과 강직한 성품의 강지점장님.

항상 두 분을 바라보면서 인생의 양지와 음지 그리고 인생의 우여곡절을 느끼곤 했습니다. 지금부터 20년 전, 증권업계 르네상스 시절에 두 분과 함께 약 1년 정도 근무하던 시절이 있었습니다.

당시 필자는 사원이었고 두 분의 직책은 차장님. 영업점에만 10년 이상 근무하신 윤차장님은 영업력이 돋보였고, 본사 핵심부서에서 근무하다 오래간만에 지점에 나온 강차장님은 영업력이 다소 부족했습니다.

1989년도에 접어들면서 증권업계 빅뱅이 시작되자마자 각 증권사의 지점 수가 두 배로 증가하기 시작했습니다. 이때 영업력이 뛰어난 윤차장님은 주위의 부러움을 한몸에 받으며 서울 노른자위 신규지점의 지점장으로 발령받았습니다.

그리고 강차장님은 얼마 후 아무도 희망자가 없던 조그만 지방지점으로 발령을 받았습니다. 그 당시 윤지점장님은 기뻐서 웃음이 멈추질 않았고 강지점장님은 슬퍼서 한숨이 앞을 가렸습니다.

그 뒤로 1년가량 지났을까? 윤지점장님은 인근 대형 점포

들과 경쟁하느라 무리한 매매가 지속되었고, 반면 강지점장님은 경쟁사 없이 지방 소도시의 지방 유지로 부각되었습니다.

그러던 중 1990년도 8월 증권업계에 깡통소리가 요란하게 울려퍼졌습니다. 윤지점장님은 상처투성이 백기를 들고 본사 영업부 대기발령으로, 강지점장님은 성공사례담을 발표하면서 본사 알짜부서 부서장으로 발령을 받아 영전했습니다.

그렇게 또 1년은 성공 이후 영광과 실패 이후 좌절을 느끼면서 소리 없이 지나갔습니다. 주위의 곱지 않은 눈길 속에 깊은 상처만을 치료하며 하루하루 보내는 윤지점장님. 지금의 눈칫밥에서 언제 벗어날 수 있을까 하고 생각하니 하루하루가 너무나 길기만 했습니다.

반면 영업능력을 인정받아 "관리면 관리, 영업이면 영업"을 외치시던 강지점장님. 드디어 승리의 깃발을 높이 흔들며 서울 대형점포 지점장으로 발령받았습니다. 시간이 흐르면서 양지가 음지 되고 음지가 양지로 변해버렸습니다.

그 뒤로 시간이 흘러 눈칫밥 2년여 만에 윤지점장님은 겨우 상처를 치유하고 영업점 부장으로 정식발령을 받았습니다. 과거의 악몽을 거울삼아 신중하게 한발 한발 조심스레 나아갔습니다.

강지점장님은 제2의 영광을 위하여 더욱 열심히 일했습니다. 주위의 기대가 너무도 크다 보니 욕심도 남보다 더 많았습니다. 하지만 주가는 예상과 달리 하락하기만 했습니다. 나에게 "실패란 없다"며 앞만 보고 나가시다 결국 주가에 버림

받고 넘어지고 말았습니다. 올 때 빈손이었으니 갈 때도 빈손으로 조용히 증권업계를 떠나 지난 일들을 뒤돌아보았겠지요.

지금은 두 분 모두 자의반 타의반 증권업계를 떠났지만 가끔 두 분을 생각하면서 증권업계의 앞면과 뒷면을 모두 보는 듯했습니다. 이제는 제가 어느덧 두 분의 나이가 되어 지난 일들을 되돌아보고 있습니다. 과연 나의 뒷모습은 어떠했는지?

| 기상예보와 주가예측

가끔 이런 질문을 받습니다. "왜 차트 공부를 시작했습니까?"

필자는 군생활을 공군에서 기상예보관과 기상조사장교로 3년간 복무했습니다. 기상예보는 일상적으로 구름 정도, 풍향이나 풍속, 일중 최고온도와 최저온도, 강수유무 등으로 구분하여 발표하고 평가받고 있습니다. 일반적으로 공군기상대의 경우 80% 이상의 예보 적중률을 자랑하고 있습니다.

언제부터인가 우리나라 기상예보가 대체로 잘 맞고 있습니다. 결정적으로 충청지역 집중폭설이나 지리산 집중폭우 같은 국지적인 기상이변으로 인해 기상예보가 틀리는 경우도 종종 있습니다. 하지만 이런 경우는 천재지변으로 돌리고 과거 1970년대에 비하면 1980년 이후 기상예보의 적중률은 매우 높아졌습니다.

가장 커다란 이유 중 하나가 위성사진의 출현입니다. 인공위성에서 위성사진을 찍고 구름의 분포상황을 분석함으로써 과거 일기도만 분석하던 시절에 비하여 기상예보 적중률이 월등히 높아지게 되었습니다.

공군에서 제대하자마자 1987년 8월 증권업계에 들어와서는 일기도만 분석하던 수준의 우리의 주가분석 수준을 위성사진을 분석하는 수준으로 끌어올리고 싶었습니다. 그러기 위해서는 과연 무엇이 필요한지 깊이 생각하게 되었습니다.

당시 떠오른 것이 바로 차트분석이었습니다. 그 무렵 경험에 의존하던 주먹구구식 주가분석 수준에서 차트분석이 최선은 아니었지만 현실적으로 제가 선택할 수 있었던 차선책은 바로 차트분석이었습니다.

당시에는 컴퓨터가 보급되어 있지도 않았고 기능도 뛰어나지 못하여 주가분석에 필요한 차트를 그리기 위해서는 직접 모눈종이 위에 그릴 수밖에 없었습니다. 아니면 내가 필요한 차트를 직접 프로그램 COBOL로 작성하여 분석할 수밖에 없었습니다.

기상예보의 정답은 하늘에 있고 하늘을 보면 그 답이 있습니다. 그리고 봄·여름·가을·겨울 각각 계절마다 고유한 기상패턴을 가지고 있습니다. 우리나라는 좁은 국토이지만 각 지역마다 고유한 기상특징들을 가지고 있습니다.

자연의 법칙은 해마다 크게 변하지 않고 자연의 순리에 순응하고 있습니다. 겨울에는 눈이 내리고 고드름이 얼며 여름에는 태풍이 다가오고 소나기가 내립니다. 또한 봄이 오면 산에 쌓인 눈이 녹고 들에는 새싹이 피어나고 가을에는 산에 단풍이 들고 들판에 과일들이 열립니다. 또한 기상예보는 경험이 풍부할수록 기상변화와 지역특징을 파악하는데 많은 도움이 됩니다.

하지만 주가예측은 기상예보와 날리 변수가 너무도 많아서 예측하기가 어려우며 어떤 특별한 비법도 없습니다. 무엇을 공부해야 해결책이 있는지 또는 성공투자의 지름길이 무엇인지를 알 수 없습니다.

특히 요즘에는 세계적인 경제위기와 국제유가, 미국의 뉴욕증시, 환율동향, 일본의 엔화, 유럽의 유로화, 중국의 위안화, 홍콩의 항셍지수, 러시아의 루블화 등 많은 해외변수들이 도사리고 있습니다. 또한 국내 변수로는 금리, 물가, 외국인 매매동향, 구조조정, 외화유치 등 수많은 변수들이 잠복하고 있어 예측하는 데 많은 어려움이 있습니다.

그렇다고 포기할 수도 없습니다. 무엇을 보면서 판단해야 할지 많이 생각했습니다. 그래도 모든 경제상황과 수급상황이 내포되어 있는 차트분석이 제일이라고 생각했습니다. 차트를 분석하면 주가의 지나온 과거를 한눈에 살펴볼 수 있습니다. 차트를 정확하게 분석함으로써 미래의 성공확률을 높일 수 있습니다.

주가예측의 정답은 아니더라도 해결책이 차트 안에 숨겨져 있습니다. 진심으로 두드리는 자만이 열리는 '도깨비 방망이'가 바로 차트 안에 숨겨져 있습니다.

| 고스톱과 주식투자

고스톱은 잘 알죠? 주식투자하면 "글쎄요" 하겠지만 고스톱은 너무도 잘 알고 있습니다. 필자는 주식투자의 배팅 감각을 높이는 데는 고스톱이 최고라고 생각합니다.

'고'와 '스톱'의 시기를 구분할 수 있다면 성공투자는 절반 이상 따 놓은 당상입니다. 이제부터 고스톱과 증권투자의 상관관계에 대해 살펴보도록 하겠습니다.

고스톱 칠 때를 생각해 보시기 바랍니다. 처음 칠 때는 분명 첫 '끗발'을 올렸을 것입니다. 주저 없이 일 년 열두 달 생긴 대로 먹기만 하면 되고 그것도 껍질까지 점수로 쳐 주니 얼마나 좋습니까?

먹기만 하면 옆에서 점수 계산 다 해주고……. '점 백'으로 시작하여 얼마 안가 천원짜리 지폐가 수북이 쌓이기 시작하고 초보가 제일 무섭다는 등 천부적인 재능을 타고났다는 등 온갖 소리를 다하면서 분위기를 듬뿍 띄워 주기도 합니다.

그런데 첫 끗발이 얼마나 오래가나요. 먹는 횟수는 그런대로 세 번에 한 번 꼴로 오는 것도 비슷한데 푼돈 열심히 모아서 목돈으로 한꺼번에 바치고 있으니 얼마 있다 지갑을 열어보면 세종대왕은 간 곳이 없고 이율곡 선생만 홀로 남아 지갑을 지켜주고 있습니다.

옆에서 웃으며 용기를 추켜세우고 있지만 갈수록 실력차이가 조금씩 나타나고 있습니다. 아~ 글쎄, 고스톱도 실력차이가 조금씩 나타나고 있습니다. 먹을 때는 3점, 어쩌다가 운 좋으면 5점 정도인데, 잃을 때는 피박에다 광박 그것도 부족하여 '쓰리고'까지 당하고. 그러니 먹는 횟수만 비슷하면 무엇합니까? 옆에 선배는 서너 번 겟돈 넣다가 한 번 따면 목돈이 되는데.

증권투자도 고스톱과 같은 원리라면 쉽게 이해가 갈 것입니다. 고스톱을 통해 증권투자의 요령을 찾아보시기 바랍니다. 초반에 몇 번 성공했다고 실력으로 판단하거나 천부적인 재능으로 판단하기보다는 단지 운이 좋았을 뿐이라는 겸손한 자세가 필요합니다.

'손실은 푼돈으로 이익은 목돈으로'

성공 횟수가 중요하기보다는 손실은 작게 이익을 크게 하는 투자전략이 절대적으로 필요합니다. 고스톱 잘 치는 사람도 매번 다 이기는 것은 아닙니다. 기본 3점은 자주 잃더라도 쓰리고에 피박까지 당하는 경우는 매우 작습니다. 잃을 때는 푼돈으로 잃어 주지만 이기는 판에는 목돈으로 거두어오고 있습니다.

증권투자에서도 기회는 여러 번 오지만 모두 다 성공하지 못할뿐더러 성공할 수도 없습니다. 단지 성공한 투자가는 손실은 기본 3점으로 이익은 쓰리고에 피박으로 벌어들이는 전략을 구사할 줄 아는 사람입니다. 홈런타자가 삼진도 가장 많이 당하는 경우를 연상해 보시기 바랍니다.

| 첫째도 안전, 둘째도 안전

운동경기에는 남녀노소 모두 참여할 수 있는 가벼운 게임이 있는가 하면 사전에 충분한 준비운동을 미리 해야 하는 위험한 게임이 있습니다. 예를 들어 배드민턴, 탁구, 볼링, 조깅, 구보 등은 남녀노소 누구나 어렵지 않게 게임을 할 수 있습니다.

이러한 가벼운 운동들은 게임을 하면서 팔다리가 부러지는 등의 큰 사고가 발생하지는 않습니다. 하지만 유도나 레슬링, 스키, 스케이트의 등은 사전에 충분한 준비운동을 하고 게임에 들어가야 하는 과격한 경기에 속합니다.

유도는 상대방을 먼저 넘어뜨리고 많이 넘어뜨리는 사람이 이기는 게임입니다. 하지만 유도를 배울 때에는 상대방을 넘어뜨리기 이전에 내가 먼저 넘어지는 낙법을 배우고 있습니다. 상대방을 여러 번 넘어뜨렸다 하더라도 내가 한번 잘못 넘어지고 제대로 일어나지 못한다면 게임에 패자가 되는 것입니다.

또한 스키나 스케이트를 처음으로 배울 때에도 먼저 걸음마를 배우고 나서 곧 바로 넘어지는 방법을 배웁니다. 배우는 분의 운동신경을 무시해서가 아니라 안전을 위하여 넘어지는 방법을 배우고 있는 것입니다.

스키나 스케이트를 타다가 조금만 위험하다 싶으면 배운대로 넘어지면 되는 것입니다. 물론 넘어지면 엉덩이가 조금은 아프겠지만 다시 일어나 타는 데는 전혀 지장이 없습니다. 처음에는 여러 번 넘어질 수도 있겠지만 갈수록 넘어지는 횟수는 점점 줄어들 것입니다.

만일 안전하게 넘어지는 법을 익히지 않고 스키나 스케이트를 타게 된다면 넘어지는 그 자체가 두려울 것입니다. 그러니 넘어지지 않으려고 버티다 결국 큰 사고를 당하게 되는 경우가 발생합니다.

스키나 스케이트 선수도 연습이나 시합 도중에 종종 넘어지는 경우를 볼 수 있습니다. 하물며 처음 배우는 초보자 입장에서 넘어지는 것이 당연한 일이며 절대로 부끄러운 일이 아닙니다. 누구나 처음에는 넘어지면서 배우고 있습니다.

이처럼 조금만 위험하다 싶으면 안 다치게 넘어지면서 조금씩 타는 법을 익혀나가야 합니다. 이는 매우 중요한 일이며 주식시장에서도 이러한 방법이 그대로 적용되고 있습니다. 왜냐하면 주식시장은 매우 위험한 곳이기 때문입니다.

주식시장에서는 이와 같이 조금만 위험하다 싶으면 안 다치고 잘 넘어지는 방법을 '손절매'라 부르고 있습니다. 크게 손실을 볼 것 같으면 미리 팔아 손실을 최소화시키는 것입니다. 스키를 잘 타기 위해서는 먼저 잘 넘어지는 것이 중요하듯이 주식투자를 잘 하기 위해서는 손절매가 꼭 필요한 기술입니다.

이러한 손절매는 모든 투자가들에게 안전을 보장해 드리며, 손절매의 시점은 차트를 통해 기술적 분석으로 해결하고 있습니다. 항상 안전이 우선되어야 합니다.

| 김칫국물과 꿈의 차이

두 형제가 어느 날 낚시를 떠났습니다. 개울을 건너고 들을 지나서 큰 호숫가에 도달하였습니다.

그럴싸한 낚시거리를 찾고 있는데 큰 잉어 한 마리가 유유히 다가오고 있는 것을 보았습니다. 형이 얼른 투망을 던지려 하면서 말했습니다.

"저놈 잡아서 구워 먹으면 참 맛있을 거야."

그러자 그 말을 듣고 있던 동생이 불쑥 나타나 거들었습니다.

"아니야. 잉어는 푹 고아서 먹든지 아니면 매운탕을 끓여야 제 맛이지."

두 형제는 잉어를 잡기도 전에 서로 구워서 먹어야 한다 또는 진한 국물 맛의 매운탕을 끓여야 한다고 실랑이를 벌였습니다. 물론 그 사이에 토실토실한 잉어는 어디론가 사라져 버렸습니다.

사법고시를 준비하고 있는 아들을 두고서 아버지와 어머니는 정성껏 뒷바라지를 하고 있었습니다. 아버지는 공부를 하고 있는 아들에게 말했습니다.

"너는 꼭 훌륭한 판사가 되어야 한다. 알았느냐."

그러자 그 말을 듣고 있던 어머니가 깜짝 놀라며 황급히 말했습니다.

"아니다, 사내는 모름지기 검사를 해야 한다."

아버지와 어머니는 아들이 사법고시에 합격하기도 전에 판사를 해야 한다 또는 검사를 해야 한다 실랑이를 벌였습니다. 물론 아들은 공부하기에 조용한 곳을 찾아서 아버지와 어머니 곁을 멀리 떠나갔습니다.

어느 사나이는 오늘도 복권을 사들고 집으로 향했습니다. 집에 가서는 아내에게 어깨에 힘을 주며 말했습니다.

"조만간 3억원이 생기면 무엇을 하면 좋을까? 잘 생각해둬."

"나는 그 돈으로 집을 사고 자가용을 새로 바꾸었으면 좋겠는데."

그러자 아내는 채 말이 떨어지기도 전에 눈을 흘기며 말했습니다.

"무슨 소리야. 세계여행을 하고 남은 돈으로 은행에 저축해야지."

사나이와 아내는 복권이 당첨되기도 전에 집을 사야한다 또는 은행에 저축을 해야 한다 밤을 꼬박 새우며 실랑이를 벌였습니다. 물론 이런 일은 매주 반복되지만 언제 현실로 나타날지는 기약이 없습니다.

그럼 지금부터는 무슨 이야기를 할까요?

김사장은 오늘 다음 1,000주를 2만원에 매수했습니다. 한때 30만원까지 올라간 적이 있었으니 언젠가는 다시 올라갈 것으로 기대하고 있습니다.

2만원하는 주식이 30만원까지 올라간다면 무려 15배가 상승하는 것입니다. 그저 생각만 해도 행복했습니다. 2천만원 투자했으니 조만간 15배가 올라가게 되면 단숨에 3억원이 되는 것입니다.

그저 생각만 하여도 김사장은 행복합니다. 어차피 생길 돈인데 미리 당겨서 친구들에게 식사도 대접하고 술도 사주었습니다. 은행에서 대출도 받아 흥청망청 즐거운 시간을 보내고 있습니다.

글쎄요, 남들은 김칫국물을 마시고 있다고 말할지 모르지만 김사장은 꿈을 먹으며 살고 있습니다. 하지만 현실과 너무 먼 꿈은 가능한 한 멀리하는 것이 좋아 보입니다. 저도 예전에는 이런 꿈 많이 꾸어 보았습니다. 지금은 포기했지만.

| 넌 언제부터 전문가야?

필자는 당구를 초등학교 6학년 때 처음 배웠습니다. 6학년을 마치고 겨울방학을 맞이하는 12월부터 중학교 입학하기 전까지 무려 3개월 동안을 당구장에서 살다시피 했습니다. 옆집에 사는 친구 부모님이 가까운 곳에서 당구장을 운영하고 있었기 때문입니다.

처음에는 당구대가 너무 높았고 큐대가 너무 길어서 치기에 불편했습니다. 하지만 친구랑 매일 치다 보니 점점 익숙해졌습니다. 옆에서 치는 손님들이 큐걸이도 알려주고 치는 법을 알려주어 배우는 데 큰 어려움이 없었습니다.

옆에 있는 손님들이 우리를 보면서 "지금부터 배우면 500까지는 충분하겠네"라고 말하곤 했습니다. 아마도 그 당시 당구실력이 80에서 100 정도는 되었을 것입니다. 초등학교 때 미리 당구를 배우다 보니 대학에 가서는 별 흥미를 느끼지 못했습니다.

친구들은 대학에 들어와 당구를 배우느라 칠판과 천장이 당구대로 보이느니 하였지만 관심이 없었습니다. 사실 대학 시절에는 당구를 한 번도 쳐 본 적이 없습니다. 가끔 친구들 따라서 가보기는 하였지만 옆에서 구경만 했습니다.

그 뒤로 군대시절에는 무료함을 달래기 위하여 종종 쳐 보았지만 10년이 지났어도 실력은 초등학교 수준인 100 정도 그대로입니다. 아직도 제 당구실력은 30년 넘게 100이지만 이론실력은 이미 500을 넘어선 지 오래되었습니다.

요사이 방송이나 인터넷을 보고 있으면 주식전문가들이 너무도 많이 있습니다. 언제 주가공부를 했는지 모르겠지만 스스로 전문가를 자청하고 있습니다. 지금까지 얼마나 주식투자를 해봤는지 모르겠지만 전문가로서 행세하고 있습니다.

자칭 전문가들을 보면 증권사에서 근무한 경력도 없으며 실무경력도 추정하기가 어려울 정도입니다. 하지만 이런 분들도 나름대로 주가전망이나 종목분석을 하고 있습니다. 매우 위험한 일이지만 어쩌면 일부 어리석은 투자가들은 이런 분들을 더 선호하는지도 모릅니다.

서로 눈높이 수준이 비슷하고 때로는 같이 앉아서 증권사와 증권사 직원들을 비판하는 데 의견이 일치하기도 합니다. 간혹 증권사 직원들이 실망을 주는 경우도 있겠지만 하물며 체계적인 교육을 받지 못한 사람들은 어떠하겠습니까? 주식투자의 경력도 없고 실무적인 경험이 없는 출처불명의 위험한 이론이라고 보아야 할 것입니다.

저는 실전당구가 100이지만 이론당구는 500을 넘고 있습니다. 아마도 저에게 당구를 배우는 사람이 있다면 문제가 있을 것입니다. 주식투자도 마찬가지입니다. 출처를 모르는 이론에 현혹되지 마시고 상대방의 경력을 살펴보아야 할 것입니다.

때로는 정통 종교보다는 사이비 종교가 더 입맛에 맞을지도 모릅니다. 일간신문보다 선데이서울이 더 흥미를 불러일으킬 수도 있습니다. 말재주와 글재주에 잠시 현혹될 수는 있겠지만 오래 지속되어서는 안 될 것입니다.

우리는 옷을 하나 사도 메이커를 따지고 애완견을 길러도 족보를 따지고 있습니다. 하물며 투자상담을 원한다면 상대방을 가릴 수 있는 지혜가 필요합니다. 주식투자의 동반자도 인생의 동반자처럼 매우 중요한 일입니다.

| 증시전문가와 의사

우리가 살아가는 데 의사의 역할은 매우 큰 비중을 차지하고 있습니다. 없어서는 안 될 매우 커다란 비중을 차지하고 있습니다. 의사들이 가까이 있으니 우리는 안심하고 건강을 지킬 수 있습니다.

우리는 아프면 의사를 찾아가고 의사는 아픈 부분을 치유해 줍니다. 병이 생기면 아픈 부분을 치료해 주고 생활하는 데 불편함이 없게 해 줍니다. 하지만 의사가 있다고 하여 우리는 영원히 살 수 있는 것이 아닙니다. 단지 아픈 부분만을 치료받을 뿐입니다.

다시 말하면 건강을 유지하는 것은 모든 사람 개개인의 역할입니다. 의사가 모든 사람들의 건강을 지켜주는 것이 아닙니다. 의사는 단지 아픈 부분을 해결해 줄 뿐입니다. 그럼으로써 건강을 되찾게 해주고 생명을 연장해 주는 것입니다.

마찬가지로 증시전문가들의 역할을 생각해 보았습니다. 증시전문가들은 투자가들에게 시황분석을 해주고 주가분석을 해주고 있습니다. 투자의 방향을 잡아주며 수익률을 올리는 데 도움을 주고자 노력하고 있습니다.

먼저 주식투자의 어려움이 생겼을 때 문제점을 찾아서 해결해 줍니다. 그리고 다시는 이러한 실수를 범하지 않도록 도움을 주며 해결 방법도 알려줍니다. 혼자서 매매하는 투자가의 어려움을 동반자로서 옆에서 도와주고 있습니다.

의사들은 내과, 외과, 소아과, 산부인과, 안과, 성형외과, 정신과 등으로 각 분야 전문가들이 따로 있습니다. 마찬가지로 증시전문가도 시황담당, 종목선정, 매매시점파악 등 각자 자신이 있는 담당분야가 따로 있습니다.

증시전문가도 이론에 강하면 실전에 약할 수 있고 실전에 강하면 이론에 약할 수 있습니다. 물론 이론과 실전에 있어서 모두 강하다면 금상첨화입니다. 증시전문가라고 주식투자의 모든 것을 다 해결해 주는 해결사는 아닙니다.

건강은 각자가 지켜 나가는 것이 듯이 주식투자도 결국 자기 스스로 해결해 나가는 것입니다. 단지 증시전문가는 투자할 수 있는 방법을 알려주며 어려운 문제가 생겼을 때 해결하는 방법을 자세하게 찾아줄 것입니다.

혼자보다는 유능한 동반자와 함께 간다면 주식투자가 더욱 흥미로울 것입니다. 멋진 동반자를 찾아보시기 바랍니다.

| 증권사로 전환하거나 인수하는 금융업

지난 2000년도 이후 투신사들이 증권사로 전환했습니다. 제일투자신탁, 현대투자신탁, 대한투자신탁, 한국투자신탁이 증권사로 전환하면서 투신업무와 증권업무를 병행하였습니다. 지금은 제일투자신탁은 CJ투자증권으로, 현대투자신탁은 현대증권으로, 대한투자신탁은 하나대투증권으로, 한국투자신탁은 한국투자증권으로 새롭게 시작하고 있습니다.

이 투신사들은 증권사로 전환하면서 직원들에게 증권관련 교육을 시킨 바 있습니다. 이 중에서 제일투신, 현대투신, 대한투신 직원들을 직접 교육시키면서 하고 싶은 말이 너무도 많았습니다.

투신사가 증권교육을 시키고 이름을 증권사로 바꾼다고 하루아침에 투신사에서 증권사로 변하지는 못할 것입니다. 증권사와 투신사는 영업점의 분위기와 이자율과 수익률 차이만큼 많은 차이가 있습니다.

과거 투신사 영업점은 바닥에 카펫이 깔리고 항상 도서관처럼 조용한 분위기입니다. 고객도 간혹 한두 명이 머물고 있지만 커피 한 잔을 채 마시기도 전에 업무를 마치고 일어납니다.

또한 투신사를 찾아오신 분들은 이야기할 때도 조용조용 속삭이듯 얘기하고, 이자가 얼마나 늘었으며 1%라도 수익률이 더 높은 상품이 있나 찾아보는 정도입니다. 때로는 생활용품을 선물로 받기도 합니다.

그리고 직원들과 이자율이나 새로운 신상품에 관한 업무적인 상담 이외에는 사적인 이야기를 나눌 시간이 없습니다. 항상 조용한 분위기가 유지되고 있으며 직원들도 하루 종일 제자리에 앉아서 업무를 보고 있습니다.

반면 증권사 영업점은 많은 고객들로 인해 한시도 조용할 틈이 없이 장터 같은 시끌벅적한 분위기입니다. 고객이 많아야 잘 나가는 영업점이고 평판이 좋은 영업점으로 알려져 있습니다. 직원들과 출근을 같이하는 고객이 있는가 하면 퇴근시간에 맞추어 함께 영업점을 떠나는 고객들도 있습니다.

또한 장중 내내 증권사 직원들과 얼굴을 마주하고 하루에도 몇 잔씩 커피를 마시곤 합니다. 매일 얼굴을 마주하고 있으니 주가에 관한 이야기는 물론이고 집에 숟가락, 젓가락 숫자까지도 알 수 있을 정도입니다. 스포츠와 연예계 소식도 모두 이 자리에서 거론됩니다.

따라서 투신사가 증권사로 전환하기 위해서는 영업직원들이 이러한 분위기에 먼저 익숙해져야 합니다. 도서관 분위기가 어느 날 서점 분위기로 뒤바뀌는 상황입니다. 뿐만 아니라 투신사 직원들의 수직적인 분위기에서 증권사 직원들의 수평적인 분위기로 마인드 변화가 있어야 합니다.

투신사는 직급이 올라갈수록 업무의 경험과 인맥이 축적되면서 영업능력이 더 뛰어날 수 있을 것입니다. 하지만 증권사는 사원에서 대리, 과장, 부장, 지점장으로 올라간다고 주가예측이 더 정확하고 수익률이 더 높은 것은 아닙니다.

그러니 증권사는 위에서 아래로 하향식 업무체계가 아니라 모두가 수평적인 입장에서 시황을 물어보고 정보를 교환하고 있습니다. 서로가 신속한 정보를 필요로 하고 있으니 직급에 관계없이 오픈 마인드를 필요로 하게 됩니다.

투신사는 출퇴근 시간이 엄격하게 지켜지고 있지만 증권사 영업직원들은 오후장을 마감한 3시 이후에는 어느 정도 자유시간을 보장해 주어야 합니다. 고객을 만나 섭외를 하고 아니면 기업탐방이나 선후배 등 많은 사람들을 만나 다양한 정보를 입수해야 합니다.

무엇보다도 투신사와 증권사의 중요한 차이는 투신사 직원들이 이자율 0.1% 차이를 중요시하다가 주식투자에 쉽게 적응할 수 있느냐 하는 문제입니다. 주식투자는 하루에도 연 이자율이 훨씬 넘는 10% 이상의 수익률이 오고가고 있습니다.

때로는 사자마자 10% 이상의 손실을 보고도 당장 팔아야 하는 경우가 있는데, 과연 이런 상황에서 투신사 시절 이자율을 잊어버리고 쉽게 매매가 가능하겠느냐 하는 것입니다. 쉽지 않은 문제이고 꾸준히 노력해야 하는 문제입니다.

증권사로 전환하거나 신설하는 기업들이 증가하면서 증시의 수요가 확대되고 있으니 분명 증시발전에 많은 도움이 될 것입니다.

| 증권사관학교를 아시나요

지금은 기억 속에서 조금씩 사라져가고 있지만 한때 증권사관학교라 불리던 동서증권이 있었습니다. 지난 1987년도 8월 동서증권에 입사한 이후 줄곧 들어오던 말이었습니다. 사실 동서증권에 다닐 때는 그 말뜻을 잘 이해하지 못했습니다.

동서증권 대리급이면 중소형 증권사 부장급 이상으로 분석능력과 매매능력을 갖추고 있다며 자부하고 있었습니다. 그 당시 저로서는 이러한 사실을 확인할 길이 없었고 다른 증권사들도 모두 동서증권과 같은 수준일 것으로 알았습니다.

하지만 1994년도에 동서증권을 떠나 소형증권사로 자리를 옮기면서 그 의미를 뼈저리게 느끼게 되었습니다. 같은 증권사이지만 분위기와 인적구성 그리고 시스템에 있어서 너무도 다르다는 것을 알게 되었습니다.

동서증권에 입사하는 사람들이 다른 증권사에 입사하는 사람들보다 더 똑똑하지는 않을 것입니다. 차이점은 회사 분위기에 있었습니다. 동서증권에서는 선배들의 업무를 도우며 일하다 보니 자기도 모르는 사이에 업무파악이 이루어졌습니다. 선배들 일하는 모습을 어깨너머 보면서 배우는 것들이 너무도 많았습니다. 또한 회의시간에 선배들의 토론내용을 들으면서 저절로 업무파악이 이루어졌습니다.

선배는 후배에게 틈날 때마다 하나라도 더 가르쳐 주고 싶어 했으며 후배는 선배와 함께 일을 하면서 배우는 것들이 많았습니다. 이런 분위기에서는 누구라도 몇 년 지나지 않아 전문가로 성장할 수 있을 것입니다.

한 번 더 강조하지만 그 당시에는 모든 증권사가 다 그런 줄 알았습니다. 하지만 소형증권사로 옮기고 나서 그 차이가 너무도 크다는 것을 알게 되었습니다. 어깨너머 배울 것도 없었으며 어깨너머 후배들에게 가르쳐 줄 분위기도 아니었습니다.

회의시간은 직원들 사이의 토론과 대화가 이루어지는 것이 아니라 윗사람은 권위를 앞세우고 일방적인 지시와 통보만 내렸습니다. 직원들끼리 모이면 시너지효과가 발생하면서 함께 성장하는 것이 아니라 우물 안 개구리들끼리 서로 끌어내리기에 바빴습니다.

동서증권 출신들은 기초가 튼튼하고 업무파악이 제대로 이루어졌으니 어디를 가도 제 역할을 충실하게 맡아 나갔습니다. 그리고 동서증권을 떠난 직원들은 어디를 가서도 회사에 대하여 고마움을 느끼고 있었습니다.

또한 동서증권 출신이라는 것을 자랑으로 알았으며 자부심을 가지고 일했습니다. 각 증권사마다 동서증권 출신들은 뛰어난 업무능력으로 제 역할을 다하고 있습니다. 동서증권 내에서는 항상 인재가 양성되고 풍부하였으니 사관학교라 부르게 되었습니다.

지금은 과거 동서증권 출신들이 여러 증권사에 흩어져 일부만 남아 있지만 아직도 동서증권이라는 자부심만은 항상 그들 가슴속에 남아 있을 것입니다.

| 기상브리핑과 시황설명

증권사에 입사 1년이 채 지나지 않은 시절부터 시황설명을 맡게 되었습니다. 주식에 대해서는 잘 몰랐지만 남들 앞에 서는 것은 자신이 있었습니다. 지금은 시황설명을 흔히 볼 수 있지만 그 당시에는 고객들을 대상으로 시황설명은 매우 생소한 모습이었습니다.

당시 남들이 거들떠보지도 않던 그래프를 가지고 설명했습니다. 증권사 직원들과 대다수 투자가들이 그래프를 잘 모르고 있었던 시절이었습니다. 그러니 모두들 그래프 설명을 신기하게 바라보았습니다.

기상예보와 주가예측은 서로 비슷한 면이 많이 있습니다. 기상예보를 전달하기 위해서는 브리핑이라는 절차를 거치게 됩니다. TV 뉴스시간에는 기상캐스터가 나와서 일기예보를 진행하고 있습니다.

지난 군복무 3년 동안 조종사들에게 기상브리핑을 하는 모습에서 투자가들에게 시황설명하는 모습으로 변하는 데 오래 걸리지 않았습니다. 때로는 기상브리핑이나 시황설명이 타고난 운명처럼 느껴지기도 했습니다.

그 동안 전국을 돌며 수없이 많은 시황설명회를 가졌습니다. 아마도 시황설명하는 그 순간이 가장 행복한 시간이었는지도 모릅니다.

| 차트공부는 어떻게 하나요?

강의 도중에 가끔 이런 질문을 받게 됩니다.

“어떻게 하면 차트를 잘 볼 수 있습니까?”

당연한 질문이고 저의 답변 또한 한결같습니다.

“열심히 많이 보는 것입니다.”

영어를 잘하기 위해서는 먼저 많이 듣는 일이 중요합니다. 그리고 귀가 열리고 나서는 말하는 반복훈련이 필요할 것입니다. 많이 듣고 말하고 이후에는 많은 단어와 문장들에 익숙해지는 과정이 필요하겠지요.

미술을 지망하는 학생의 경우는 무엇보다도 그림을 잘 그리고 싶어 할 것입니다. 어려서부터 아무런 의미 없이 흰 종이만 보면 그림 그리기를 좋아했을 것입니다. 그리고 다른 사람들의 그림을 구경하거나 유명 화가들의 작품들을 감상하고 싶어 했을 것입니다. 이론 공부에 앞서 많이 그려 보고 많이 감상하는 것이 매우 중요한 일입니다.

피아노를 전공하고 싶은 학생이 있습니다. 처음에는 형이나 누나가 치는 피아노 소리가 자신도 모르는 사이에 가슴에 와 닿았을 것입니다. 아무런 뜻도 없이 건반을 두들겨도 보고 베토벤이나 모차르트의 명곡들을 감상할 것입니다. 서서히 꿈을 키워 나갈 것입니다. 이론공부에 앞서 많은 명곡들을 들어 보는 것이 무엇보다 중요할 것입니다.

마찬가지로 차트 공부를 잘하기 위해서는 분석에 앞서 무엇보다도 많은 차트들을 살펴보는 것입니다. 직접 그려 보기도 하고 나름대로 향후 주가를 예측해 보면서 다양한 예상도를 상상해 보는 것입니다.

큰 폭 상승세를 보였던 종목들의 차트들을 모아놓고 그 특징들을 하나씩 살펴보는 것도 좋은 방법입니다. 반대로 큰 폭 하락세를 보였던 차트들을 모아놓고 그 특징들을 살펴보는 것도 바람직한 방법입니다. 그리고 어떤 경우에 상승하고 어떤 경우에 하락하는지를 생각해 보는 것도 좋은 공부방법입니다. 아마도 나름대로 다가오는 느낌이 있을 것입니다.

그리고 잘 해결되지 않는 문제가 생기거든 이론 책을 보면서 도움을 청해 보시기 바랍니다. 아마도 궁금했던 사항들이 책 속에 설명되어 있을 수도 있습니다. 그러는 사이에 스스로 차트 분석에 관한 베테랑으로 성장하는 것입니다.

| 증시에도 위아래가 있지요

자연현상을 보면 각 계절마다 일정한 패턴이 있습니다. 여름에는 주로 따뜻한 남서풍이 불어오고 겨울에는 차가운 북서풍이 불어오고 있습니다. 봄에는 얼어붙은 대지를 녹여 주는 동풍이 불어오는가 하면 가을에는 무더위를 식혀 주는 서풍이 불어오고 있습니다.

물론 겨울에는 항상 북서풍만 불어오는 것이 아니라 때로는 남동풍이나 남서풍이 불어오는 경우도 종종 있습니다. 하지만 북서풍이 주를 이루고 있으며 불어오는 강도가 남서풍이나 남동풍에 비하여 매우 강하게 나타나고 있습니다.

주식시장도 자연현상과 같이 일정한 규칙으로 움직이고 있습니다. 호재성 재료에 의해 수혜를 받는 테마장세가 전개될 때에도 일정한 규칙으로 움직이고 있음을 볼 수 있습니다. 예를 들어 연초 장세에 자주 나타나는 첨단기술주 중심의 테마장세를 살펴보도록 하겠습니다.

첨단기술주는 크게 정보통신, 반도체, 인터넷, 첨단산약 관련주 등으로 구분하고 있습니다. 첨단기술주가 상승할 때에는 모든 첨단관련 종목들이 동시에 상승하고 동시에 하락하는 것이 아니라 일정한 순서대로 움직이게 됩니다.

처음에는 고가주부터 상승하기 시작하여 중가주와 저가주로 확산되고 마지막에는 단순 저가주들이 움직이면서 순환상승을 마무리하게 됩니다. 고가주는 주로 외국인과 기관들이 선호하는 종목으로 상승세의 시작을 알리는 신호로 인식할 수 있습니다.

이어 상승세를 확인한 일부 기관들과 개인들의 매수세가 유입되면서 본격적인 첨단기술주 장세가 중가주와 저가주 중심으로 나타나면서 상승세가 지속됩니다. 실질적으로 중저가주에서 본격적인 수익률 게임이 나타난다고 보고 있습니다.

끝으로 단순저가주이며 일명 '달동네' 주식으로 통하는 5,000원 이하의 종목들까지 상승세에 동참하게 되면 순환상승의 마무리 단계로 보기도 합니다. 이처럼 주식시장은 자연현상과 같이 일정한 규칙에 의해 움직이고 있다고 보면 됩니다.

| 맥주와 소주

맥주와 소주는 같은 주류업종이지만 날씨에 따라 판매량에 많은 차이가 나타납니다. 일반적으로 맥주는 무더운 날에 갈증을 해소하기 위해 마시게 되고 반대로 소주는 비가 오거나 쌀쌀한 날씨에 많이 팔리고 있습니다.

5월과 6월경 모내기철을 전후하여 초여름의 무더위가 시작되면 목마름을 해소하기 위해 시원한 음료수가 많이 팔리게 됩니다. 주로 시원하게 냉각된 맥주를 많이 찾고 있습니다. 특히 7월과 8월경 한여름 밤에 열대야가 며칠 동안 지속되면 무더위를 떨쳐버리기 위하여 가족단위로 시원한 맥주를 마시고 있습니다. 실제로 열대야가 길어질수록 맥주의 판매량은 눈에 띄게 증가한다고 합니다.

반면 무더위가 지속되면 소주의 판매량은 급속히 감소하게 됩니다. 아마도 열이 많이 나는 소주를 마시고 싶지 않을 것입니다. 날씨가 쌀쌀하거나 비가 오는 날 얼큰한 찌개에다 소주가 생각날 것입니다.

6월 말 이후 7월 중순경까지 장마기간입니다. 해마다 이때가 되면 기상이변이 없는 한 길고 긴 장마비가 내립니다. 비가 얼마나 길게 내리느냐에 따라 소주 판매량에 영향을 주게 됩니다. 퇴근시간에 창밖에 비가 내리고 도로마다 차들이 꽉꽉 막혀 있는데 한가롭게 앉아 맥주를 마시며 시간을 보내지 않을 것입니다. 빨리 마시고 빨리 취하여 집에 빨리 가고 싶어 할 것입니다.

또한 여름에 태풍과 집중호우로 인해 수해가 발생하게 되면 맥주보다는 소주를 더 선호하게 됩니다. 이렇듯 날씨에 따라서 맥주와 소주의 판매량에는 커다란 차이가 나타납니다.

국내경기의 변화에 따라 맥주와 소주의 판매량에도 변화가 생깁니다. 경기가 어려울 때는 맥주보다는 가격이 저렴한 소주 판매량이 상대적으로 더 많이 증가했다는 분석자료가 있습니다.

더불어 날씨가 맑은 날에는 자장면을 더 선호하고 비가 오거나 기온이 뚝 떨어지는 날에는 따뜻한 국물의 짬뽕이 더 많이 팔린다고 합니다. 이처럼 날씨는 우리생활이나 주식시장과 매우 밀접하게 움직이고 있음을 알 수 있습니다.

| 그럼 당신이 해 봐!

증권시장이 호황이면 펀드매니저가 최고의 직업으로 떠오릅니다. 초등학생들이 원하는 최고의 직업이 가수들과 함께 춤을 추는 백댄서라면 고등학생과 대학생들은 펀드매니저가 가장 선호하는 직업이 되기도 합니다.

억대 연봉의 대명사로 펀드매니저가 부각되면서 청소년들의 우상이 되고 있습니다. 또한 무엇을 사고 언제 팔아야 될지를 모르는 개인투자가들에게도 펀드매니저는 마음속에 선망의 대상입니다.

언젠가 펀드매니저가 청소년들 사이에 우상으로 떠오르고 있을 무렵 청소년을 대상으로 하는 교육방송 프로그램에 출연한 바 있습니다. 펀드매니저의 역할은 무엇이며 어떤 일을 하는지 그리고 어떻게 펀드매니저가 될 수 있는지에 대해 설명해 주었습니다.

펀드매니저의 위상은 주식시장이 호황일 때는 천장을 모르고 치솟기도 하지만 주식시장이 불황일 때는 바닥을 향해 급강하합니다. 주식시장의 등락반큼이나 펀드매니저의 위상도 심한 변덕을 부리고 있습니다. 펀드매니저는 중요한 역할을 담당하고 있어 능력에 따라 수익률에 많은 차이가 나타나게 됩니다.

증시의 흐름을 잘 아는 증권사 사장이라면 펀드매니저의

역할을 충분히 이해하고 있지만 그렇지 못하는 경우가 종종 발생하기도 합니다. 특히 은행이나 보험사 또는 타 업종에서 증권사 사장으로 오는 경우에 웃지 못할 사건들이 간혹 발생하고 있습니다.

우리는 종종 프로야구 경기를 보면서 1사 만루의 중요한 찬스에서 병살타를 치고 들어가는 선수를 보며 이런 말을 하기도 합니다.

"10년 이상 매일 밥만 먹고 방망이를 휘두르면서 저 공을 못쳐?"

새로 부임한 증권사 사장이 업무파악을 하면서 보유펀드의 수익률을 살펴보고 있습니다. 하락장세라 그런지 펀드매니저들이 운영하는 펀드의 수익률이 마이너스를 기록하고 있습니다. 이를 본 사장은 펀드매니저들을 보고 나서는 딱하다는 듯이 이렇게 말합니다.

"아니, 주식이 쌀 때 사서 비쌀 때 팔면 되는 거 아냐!"

"매일 밥 먹고 단말기만 보면서 이 정도밖에 못해?"

이 말을 듣고 있는 펀드매니저들은 내색은 못하지만 속으로는 이렇게 말할 것입니다.

"그럼 당신이 해 봐!"

| 옛날 화장지를 아시나요?

두루마리 화장지하면 우리의 화장실이 생각납니다. 요즘에는 비데를 사용하고 있으니 참 많이 발전했습니다. 최근 우리는 세계적인 경제위기로 청년 실업자 100만 명이 넘는 어려움에 처해 있습니다. 불과 1년 전만 해도 종합주가지수 2,000포인트를 넘어서면서 해외여행과 선진국 수준의 과소비문화에 한껏 젖어 있었습니다.

그러나 지금으로부터 40년 전 1960년대에는 지방 소도시에 정미소, 양조장, 성냥공장, 과자공장, 고무신공장, 국수공장 등 빈약한 생산시설만이 있었습니다. 대도시에는 방적공장, 담배공장, 연필공장 등 비교적 큰 공장이 있었지만 생활상은 비슷했습니다.

필자의 아버지는 6·25사변이 있던 해 사범학교에 입학했습니다. 등교하는 길 오른쪽 개울가에 소주공장이 있었는데, 소주를 걸러낸 찌꺼기를 얻기 위해 40~50명씩 줄을 서서 기다리는 모습을 매일 아침마다 볼 수 있었습니다.

6년 뒤 사범학교를 졸업하고 서해바다 해안가에 위치한 초등학교로 부임했습니다. 그런데 다음 날부터 문제가 생겼습니다. 워낙 어렵게 사는 어촌마을이라 '하숙'이라는 용어조차 생소하여 6식구의 한 학부모집에 방 2개 중 방 1개를 내주어 숙박만 하고 식사는 학부모집에서 하루씩 돌아가면서 해결했습니다.

매일 정성이 담기긴 하였지만 부자연스런 분위기 속에서 가가호호 문전걸식이 아닌 끼니를 이어가게 되었습니다. 그런데 한 달 정도 지내게 되니 이상한 생각이 들었답니다. 용변을 보고 뒤처리는 폐기한 문서나 오래된 책을 찢어 해결했는데 이상하게도 주인집 식구들의 용변 후 뒤처리 흔적은 찾아 볼 수 없었습니다.

어느 날 교무실에서 의문점을 풀기로 하고 "제가 숙박하는 집 뒷간에는 이상하게도 주인집 식구들 뒤처리 흔적이 없습니다"라고 말하자 듣고 있던 몇 분의 선배 교사들이 한참 웃다가 말해주었습니다.

"지금껏 그것을 몰랐소? 이런 시골 마을에 무슨 종이가 있겠소! 뒷간 입구 옆에는 아마 짚 다발이 놓여 있을 것이요, 그 짚 몇 가닥 추려서 비벼 가지고 해결하는 것이요."

불과 몇 년 전만 해도 옥수수자루를 막대에 꽂아서 사용하고 마른 뒤 다른 사람이 사용할 때는 그 옥수수자루를 탈탈 털어서 다시 사용하였다고 합니다.

그 이후로 학생들의 교과서가 군데군데 찢겨나간 흔적을 발견할 수 있었는데 잎담배를 피우는 가족들에 의해 조금씩 찢겨지고 있었답니다.

제 7 장

객장분위기

골프와 주식투자

골프와 주식투자는 깊은 관계가 있습니다. 주위의 권유로 골프를 시작하였는데 강습을 받는 동안 귀가 닳도록 들은 이야기가 몸에 힘을 빼라는 충고였습니다.

그런데 골프를 치는 동안 몸에서 힘을 빼고 싶어도 힘이 마음대로 빠지지 않았습니다. 남들은 살짝만 툭 쳐도 200야드를 넘게 날아가는데 저라고 가만히 있을 수는 없었습니다.

초보자가 주위를 의식하다 보니 점점 몸에 힘이 들어갈 수밖에 없었습니다. 골프는 몸에서 힘이 빠질 때까지 연습하는 것이라고 들었습니다. 최소한 3년 이상 연습을 해야 몸에서 힘을 빼는 요령을 익힌다고 들었습니다.

정말 TV에 나오는 박세리와 김미연 선수의 골프 치는 모습을 보니 몸이 자연스럽게 움직였습니다. 부드럽게 툭 치니 골프공이 보이지 않게 날아갔습니다. 항상 일정한 폼을 유지하면서 언제든지 자기의 스윙을 가져가는 것이 눈에 띄었습니다. 골프 치는 요령을 보면서 주식투자하는 매매기법이 떠올랐습니다.

"그래! 바로 저거다! 주식투자도 계속해서 몸에 힘을 빼는 자세가 중요하다!"

주식투자를 할 때도 골프와 같이 몸에 힘을 쭉 빼고 가볍게 치는 법이 중요합니다. 주식투자에서 힘을 쭉 빼는 자세는 바로 욕심을 버리고 마음의 여유를 갖는 것입니다.

주식투자 역시 서두르지 않고 골프를 배우는 마음으로 하나씩 하나씩 교정해 나가면 될 것입니다. 한꺼번에 많은 수익률을 기대하면서 마음을 긴장시키기보다는 욕심을 버리고 마음 편안하게 수익률을 올리는 자세가 무엇보다도 필요합니다.

항상 마음에 힘을 빼고 여유를 갖는 투자 자세가 성공투자의 지름길입니다. 이제부터는 욕심을 버리고 마음의 여유를 가져 보기 바랍니다.

| 운전을 잘하는 운전기사

운전을 잘하는 운전기사와 운전을 못하는 운전기사의 차이점을 알고 계십니까? 옆자리에 앉아 있는 승객이 편안함을 느끼고 있으면 운전을 잘하는 것이고 그렇지 못하고 승객이 불안감을 느끼고 있다면 그 운전은 잘못하는 것입니다.

과속하는 차량은 사고위험이 높아지므로 불안감을 느끼게 되고 남보다 늦게 달리는 차량은 다른 차들의 차선을 막으니 눈총을 받아서 불안할 것입니다. 가능한 한 남들과 같은 속도로 달리면서 차선을 유지하는 자세가 좋은 운전입니다.

마찬가지로 투자가들이 읽기 쉽고 이해하기 쉽게 쓰는 시황을 좋은 시황이라고 보아야 할 것입니다. 그렇지 못하고 어려운 용어를 사용하면서 아무리 읽어도 무슨 말인지 전혀 이해가 되지 않는 시황이라면 문제가 있을 것입니다.

목적지까지 운전을 하다 보면 도중에 포장도로가 있고 때로는 비포장도로가 나올 수 있습니다. 곧은길도 있고 예상치 못한 비탈길도 나올 수 있습니다. 하지만 유능한 운전기사는 사고 없이 편안하게 목적지까지 도달해야 합니다.

차선을 잘 지키고 규정속도를 지키면서 가능한 한 차가 막히지 않는 곳을 골라 운전을 한다면 좋은 운전기사입니다. 승객을 편안하게 목적지까지 모셔다 드릴 것입니다. 빠른 지름길과 포장이 잘된 도로를 알고 있는 시황전문가는 안전하게 높은 수익률로 인도하여 드릴 것입니다.

| 첫눈을 손꼽아 기다리면서

언젠가 서울에서 서해안고속도로를 지나 평택에 도달했을 때 첫눈이 내리고 있었습니다. 서해 바닷가에서 내리는 함박눈이 파란 바다와 어울려 너무도 아름답게 보였습니다. 첫눈이 내리는 모습을 나 혼자 보기가 아까울 정도였습니다.

첫눈을 바라보면서 드디어 겨울이 다가오고 있음을 느꼈습니다. 그리고 첫눈을 바라보면서 주식시장을 생각해 보았습니다. 눈이 내리는 겨울이 오면 주가는 상승세를 보였고 눈이 녹아내리는 봄이 오면 주가도 같이 녹아서 소리 없이 흘러 내렸습니다.

주가는 추위를 좋아하고 추운 겨울에 상승하는 생물체였습니다. 첫눈이 내리고 나면 본격적인 추위가 시작될 것이고 연말장세가 무르익어 갈 것입니다. 그러니 해마다 첫눈이 오기만을 애타게 기다리고 있습니다.

첫눈이 오는 날 이성친구와의 달콤한 약속이 있는 것은 아니지만 해마다 꼬마들처럼 첫눈을 기다리고 있습니다. 나의 짝사랑 상대는 바로 첫눈이 내릴 때 나타나는 상승장세라 말하고 싶습니다.

해마다 이맘때가 되면 첫눈은 꼭 찾아오지만 상승장세는 꼭 찾아오지 않았습니다. 종종 상승장세가 비껴가는 경우도 있습니다. 하지만 올해는 꼭 첫눈이 내리고 나서 상승장세가 나타나기를 손꼽아 기다리고 있습니다.

| 나비처럼 날아서 벌처럼 쏘아라

용기 있는 투자가일수록 주식투자에서 성공할 가능성이 높다고 합니다. 과감하게 주도주를 공략할 수 있다면 성공투자를 얻을 수 있습니다. 반면 주도주의 상투를 무서워하며 주저하는 투자가는 성공투자를 이룰 수 없습니다.

호랑이를 잡으려면 과감하게 호랑이 굴로 들어가야 합니다. 호랑이 굴을 피해 샛길로 돌아가다가 여우와 늑대를 만나게 될지도 모릅니다. 호랑이를 잡으러 호랑이 굴에 들어가더라도 아니다 싶으면 재빨리 돌아서는 자세가 필요합니다.

주도주는 조정 시마다 과감하게 저가매수를 해야 되겠지만 상황이 바뀌게 되어 아니다 싶으면 신속하게 매도해야 합니다. 단기간에 저점대비 30% 이상 급등한 종목이라면 더욱 매도시점을 잘 찾아야 합니다.

단기간에 30% 이상 급등한 종목이라면 항상 주가 10일 이동평균선과 20일 이동평균선을 살펴보고 있어야 합니다. 그리고 주가가 주가 10일선과 주가 20일선을 하향 이탈하는 순간을 매도시점으로 삼아야 합니나.

주식투자는 나비같이 날아서 매수하다가도 매도할 때가 되면 벌처럼 날아서 쏘아야 할 것입니다. 천재 복서 무하마드 알리가 생각나는 순간입니다.

| 거래량은 주가의 눈빛

항상 좋은 습관을 들이세요. 나쁜 습관은 버리고 가능한 한 좋은 습관을 받아들이도록 노력하기 바랍니다. 사람들을 만나서 이야기할 때는 상대방의 얼굴이나 눈빛을 다정하게 바라보는 자세가 좋은 습관입니다.

주식시장에서 거래량은 주가에 선행해서 움직입니다. 사자 세력이 많으면 거래량이 증가하고 거래량이 증가하면 뒤이어 주가가 상승합니다. 그러니 거래량은 주가의 얼굴이요 눈빛이라고 말할 수 있습니다.

따라서 주가의 움직임을 알고 싶을 때는 먼저 거래량을 살펴보는 것이 좋은 습관입니다. 거래량이 증가하면 주가상승이 예상되고 거래량이 감소하면 주가하락이 예상됩니다.

또한 주가가 직전고점을 상향 돌파하여 계속 상승하고자 할 때에는 직전고점에서 형성되었던 거래량보다 더 많은 거래량이 형성되어야 가능합니다. 직전고점에서 대기하고 있는 매도물량을 모두 소화시켜 주어야 추가상승이 가능하기 때문입니다.

만일 직전고점에서 형성되었던 거래량보다 지금의 거래량이 더 적다고 하더라도 더 이상 주가가 상승하지 못하니 당장 매도를 권하지는 않습니다. 단지 상승폭이 제한적이고 언제 하락추세로 전환될지 모르니 추격매수를 해서는 안 된다는 뜻입니다.

매도시점은 가능하면 단기고점이 확인되고 하락추세로 전환된 것을 확인한 이후에 어깨에서 실행하는 것이 바람직합니다. 하락하는 척하고 순간적으로 다시 상승세로 전환될 수도 있으니 가능한 한 확인한 이후에 매도시점을 찾는 것이 바람직한 매매방법입니다.

거래량 20일 이동평균선이 살아서 상승하고 있을 때는 조정 시마다 저가 매수하는 전략이 바람직합니다. 반대로 거래량 20일 이동평균선이 하락하고 있을 때는 반등 시마다 고가 매도하는 매매전략이 필요합니다.

| 영화 '내 남자 친구의 결혼식'

주식투자가에게 행복이 따로 있나요? 마음 편하게 투자하면서 안전하게 높은 수익률을 올리는 것이 가장 큰 행복입니다. 언젠가 증권주가 큰 폭으로 상승하던 날 사무실의 전화벨이 하루 종일 요란하게 울렸습니다.

오늘 증권주가 상승하고 있는데 따라가서 매수해도 되느냐는 상담전화가 끊이지 않았습니다. 어떻게 이 상황을 설명해야 할지 모르는 순간 언젠가 본 '내 남자 친구의 결혼식'이라는 영화가 문득 떠올랐습니다.

여주인공 줄리아 로버츠 옆에는 항상 그를 따라다니는 남자 친구가 있었습니다. 언제든지 필요할 때면 남자 친구를 만날 수 있었습니다. 항상 남자 친구가 옆에 있어 주었으니 특별히 필요성을 느끼지 못했습니다.

그런 남자 친구에게 어느 날 결혼한다는 청첩장을 받았고 여 주인공은 남자 친구의 결혼식장에 참석했습니다. 멀리서 남자 친구를 바라보고 있으니 이제는 남이 되었다는 생각에 오늘따라 남자 친구의 모습이 너무도 커 보이는 것이었습니다.

항상 팔만 뻗으면 언제든지 만날 수 있었던 남자 친구였습니다. 하지만 이제는 남이 되어버린 남자 친구를 아쉬워하며 돌이켜 보면 무엇하겠습니까? 쉽고 가까운 곳에서 얻을 수 있는 기회를 놓치고 나서 나중에 후회하는 일은 결코 바람직하지 않을 것입니다.

거래량이 증가하면서 주가가 서서히 상승세로 전환하고자 하는 수많은 종목들이 매수세를 기다리고 있습니다. 사고자 마음만 먹으면 얼마든지 살 수 있지만 모두들 관심을 갖지 않고 있습니다. 그리고 큰 폭으로 상승한 이후 저가에 매수하지 못한 자신을 안타까워하게 됩니다.

횡보세를 마감하고 거래량이 증가하는 시점에서 저가에 매수하고 싶은 종목을 마음껏 확보하는 자세가 필요합니다. 큰 폭으로 상승하는 종목을 바라보면서 아쉬워하는 행동들은 매우 안타까워 보입니다.

| 심장의 박동수를 유지하면서

주식투자는 바쁘게 움직인다고 수익률과 비례하지는 않습니다. 이곳저곳 바쁘게 찾아다니면서 온갖 정보를 입수한다고 주식투자를 잘하는 것은 아닙니다. 주식투자를 잘하기 위해서는 심장의 박동수를 가능한 한 일정하게 유지하는 냉정함이 필요합니다.

투자가의 심장 박동수가 일정하지 못할 경우에는 신중한 판단을 내리지 못할 것입니다. 심장의 박동수가 빨라지고 흥분된 상태에서는 이성보다 감정에 치우쳐 섣부른 판단을 내릴 수 있습니다. 주식시장은 신중한 판단을 내린다 하더라도 성공하기가 어려운 곳입니다.

꼭 사야 될 종목이 있다고 흥분하거나 서두르기보다는 그럴 때일수록 커피 한 잔을 마실 수 있는 마음의 여유가 필요합니다. 한 번 더 생각해 보는 지혜가 필요합니다. 정말 꼭 사야 될 종목이라면 당장 몇백 원을 더 싸게 사는 것이 중요하지 않습니다.

서둘러 매수해서 몇백 원 더 싸게 살 수 있을지 모르겠지만 순간의 섣부른 실수로 인해 커다란 손실이 발생할 수 있을 것입니다. 가능한 마음을 냉정하게 가라앉히고 나서 신중하게 판단하는 자세가 훨씬 더 중요합니다.

투자가들의 가슴은 따뜻해야 하지만 심장 박동수는 항상

일정하도록 유지해야 합니다. 심장 박동수를 일정하게 유지하기 위해서는 뛰어다니지 말아야 하며 사소한 일에 흥분해서도 안 됩니다. 냉정하고 신중한 판단은 성공투자의 필요조건입니다.

| 수비도 중요하고 공격도 중요하고

운동경기에는 수비와 공격이 있으며 상대방 서로가 정당한 게임이 이루어져야 합니다. 올림픽 정신은 참가하는 데 목적이 있다지만 경기 참가자 대다수는 가능하면 자신이 이기는 게임을 바라고 있습니다.

그런데 주식투자라는 게임은 참가하는 데 목적이 있는 것이 아니라 열심히 노력하여 이기는 데 목적이 있습니다. 운동경기는 이기기 위해 많은 작전과 전략이 필요하듯이 주식투자도 갖가지 작전과 전략을 필요로 합니다.

운동경기에서 이기는 게임만을 생각하면서 공격일변도의 경기를 펼치다 보면 5골을 넣고 대신 10골을 실점 당하는 경우가 발생할 수도 있습니다. 5골을 넣을 때의 기쁨도 있었겠지만 결과는 지는 경기를 한 셈입니다.

공격이 서툴러서 3점밖에 얻지 못하였다 하더라도 수비를 튼튼히 하여 1점밖에 실점하지 않았다면 결국 이기는 경기를 벌인 것입니다. 비록 화려한 게임을 펼치지는 못했으나 원하는 목표를 달성할 수 있었습니다.

주식투자는 운동경기와 마찬가지로 수익률을 올리는 데 목표를 두고 있습니다. 화려한 경기를 펼치고 스릴 넘치는 경기를 벌이는 것도 때로는 필요하지만 정정당당한 게임에서 이기기를 원하고 있습니다.

공격이 최대의 수비라고 말하지만 상대방의 기습적인 공격에 항상 대비하고 있어야 합니다. 요사이 축구나 농구, 야구 경기를 보면 공격보다는 수비 위주의 게임을 펼치고 있습니다. 공격도 중요하지만 주식투자에서도 수비는 매우 중요한 일입니다.

| 이종범 선수처럼 주식투자를 한다면

중소형 개별종목의 테마장세에서 스릴과 기쁨을 만끽하면서 5번 투자하여 5번 모두 성공했습니다. 하지만 1번의 실수로 인해 원금을 날릴 수도 있으며 언제 회복하게 될지 기약이 없습니다.

지난 1990년 대 중반 유격수로 전성기를 보낸 이종범 선수의 야구하는 모습을 즐겨 보았습니다. 너무도 부드럽게 수비를 했고, 어려운 공도 쉽게 잡아서 잘 처리했습니다. 또한 작은 체구에서 부드럽게 타격을 해도 공은 펜스를 넘어갔습니다.

주식투자도 이종범 선수와 같이 매매를 한다면 반드시 성공할 것입니다. 해태시절 이종범 선수의 타율이 3할 대 전후였으니 타석에 나와 안타를 칠 때보다는 아웃을 당할 때가 훨씬 더 많았습니다.

하지만 이종범 선수는 팀에서 꼭 필요할 때 제 몫을 해주었기에 팀 내에서 큰 비중을 차지하고 있었습니다. 3번을 나와 팀에서 꼭 필요한 시점에 1번을 성공했으니 진정한 프로선수로서 조금도 손색이 없었습니다.

주식투자에도 프로선수가 있습니다. 3종목 골라서 제대로 된 1종목이 성공하면 되는 것입니다. 하지만 아마추어 투자가들은 5종목 골라서 4종목 성공하고 1종목만 실패해도 원금을 잃게 됩니다. 그 이유를 잘 생각해 보아야 할 것입니다.

| 자연에 순응하는 자세로 유행에 따라가면

일요일 아침 TV를 즐겨 보는데, 그중에서 '오지탐험 신비의 세계'와 '도전 지구탐험대'를 자주 봅니다. 자연의 순리에 따라가면서 살아가는 사람들을 보는데 열대우림과 사막, 시베리아, 물 위에서도 사람들은 자연에 순응하면서 살아가고 있습니다.

자연을 거역하지 않고 자연에서 배우며 살아가는 지혜를 배울 수 있습니다. 마찬가지로 주식투자도 자연에 순응하는 자세로 적응해 보시기 바랍니다. 증시흐름에 거역하지 않고 자연스럽게 순응하는 자세를 배워야 하겠습니다.

주식시장은 유행에 매우 민감하게 반응하고 있습니다. 유행을 미리 예측하기는 어려운 일이지만 남보다 빨리 유행을 파악하고 신속하게 순응한다면 성공할 수 있습니다.

긴 바지가 유행하면 긴 바지를 입고 짧은치마가 유행하면 짧은치마를 입으면 되는 것입니다. 하지만 아무리 유행이 빨리 바뀐다고 하더라도 바뀌지 않는 진리가 있습니다. 더울 때는 가볍게 입고 추울 때는 두꺼운 옷을 입는다는 것입니다.

현 장세에서 지수관련 대형주와 업종대표주가 움직이면 그대로 따라가면 되는 것입니다. 또한 중소형 개별종목 위주로 테마장세가 전개되고 있으면 그대로 따라가면 되는 것입니다. 자연스럽게 현 장세에 순응하고 따라가면 되는 것입니다.

| 죽었다가 다시 살아나는 것은?

담배를 또 피우고 계십니까? 향기로운 커피를 마시고 싶은데 주식시장이 자꾸만 담배만 권하고 있습니까? 얼마 전까지 팔팔 끓던 주식시장이 며칠 전부터 갑자기 쥐 죽은 듯 고요하게 침묵을 지키고 있으니 애써 담배만 피우고 있습니다.

하지만 실망하지는 마십시오. 죽은 것이 아니라 잠시 쉬고 있는 것입니다. 혹시 '죽었다가 다시 살아나고 가장 열 받으면 금방 죽어 버리는 것'이 무엇인지 알고 있습니까? 그것은 바로 '주식'이라는 도깨비입니다.

이 도깨비는 꼼짝도 하지 않고 죽은 척하다가 옆에서 살짝 건드려 주기만 하면 갑자기 벌떡 일어나 다시 열기를 발산하게 됩니다. 투자가들의 모든 관심을 한 몸에 받으며 뜨겁게 달아오르게 됩니다. 활활 타오르는 열기가 영원히 투자가들을 뜨겁게 달구어 줄 것으로 믿고 있습니다.

하지만 투자가들이 행복에 겨운 아우성을 외치는 순간 소리 없이 사라져 버리는 도깨비가 있습니다. 용광로같이 뜨거웠던 열기는 어디로 사라지고 죽은 듯 침묵만이 흐르고 있습니다. 전혀 반응을 보이지 않고 있으며 아무리 흔들어 깨워도 고요한 적막만이 흐르고 있습니다.

투자가들의 한숨소리를 뒤로 하고 조용히 침묵을 지키고 있습니다. 하지만 때가 되면 또 다시 벌떡 일어날 것입니다.

지금은 숨을 죽이며 쉬고 있지만 매혹적인 시장을 다시 꿈꾸고 있을지 모릅니다.

한 번 더 옆 사람에게 물어보기 바랍니다. 죽었다 다시 살아나는 것은? 그리고 가장 열 받을 때 금방 죽어 버리는 것은?

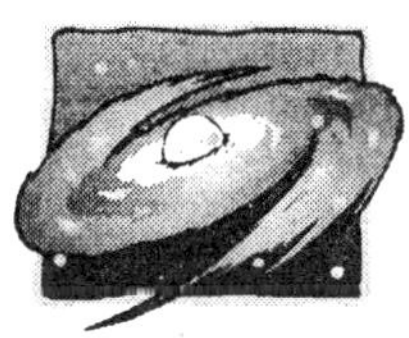

| 기본에 충실한 자세로 시작하세요

상처가 났거나 위급한 상황에 처했을 때 매번 병원을 찾아갈 수는 없습니다. 그래서 집안에 간단하게 치료할 수 있는 구급상비약을 준비해 둡니다. 또 등산이나 여행을 떠날 때도 구급상비약을 가져갑니다.

주식투자에 있어서도 가장 기본이 되는 구급상비약이 있습니다. 때와 장소에 관계없이 위급할 때 긴요하게 사용하시기 바랍니다.

주식투자를 하면서 가장 큰 문제가 무엇인가요? 종목을 선정하고 매수시점과 매도시점을 잘 포착하는 것이 중요합니다. 그런데 종목선정도 중요하지만 그보다는 매매시점을 잘 포착하는 것이 더욱 중요할 수 있습니다.

주식투자는 좋은 종목 잘 골라서 잘 사고 잘 팔면 성공하는 것입니다. 물론 이러한 사항은 누구나 다 알고 있는 사항이고 당연한 이야기이지만 실천하기 어려운 일입니다. 그러니 앞으로 좋은 종목을 선정하여 언제 사고 언제 팔아야 하는지를 공부해야 합니다.

항상 기본을 충실하게 배우는 것이 중요합니다. 테니스나 수영을 배울 때도 강사로부터 몇 달 동안 꾸준히 강습을 받습니다. 강습을 잘 받으면 자유형, 배영, 평형, 접영 등을 자유자재로 구사할 수 있습니다. 반면 동네 친구들하고 냇가에서 배운 개헤엄이 전부라면 같은 수영이지만 멀리 갈 수도 없고 오랫동안 물속에서 머물 수도 없을 것입니다.

주식투자도 마찬가지입니다. 처음부터 기초를 잘 닦으면 높은 수익률을 올리면서 재미있게 주식투자를 할 수 있습니다. 주식투자의 기본은 손실을 줄이고 이익을 늘리는 방법을 배우는 것입니다. 이것은 살 때와 팔 때를 구분하여 매매할 수 있다는 말과 통하는 것입니다.

| 주식투자의 ‘생명선’을 아시나요?

우리는 매일 무사고 운전을 바라고 있듯이 주식투자에 있어서도 무사고 투자를 바라고 있습니다.

무사고 운전은 차선을 잘 지키고 규정속도를 유지하며 또한 교통신호를 잘 지키는 것입니다. 이 중에서도 도로에서 운전을 할 때는 중앙선을 지키는 자세가 무엇보다도 중요한 일입니다. 절대로 침범해서는 안 되는 중요한 선입니다. 따라서 우리는 가운데 노란 두 선인 중앙선을 ‘생명선’이라 부르고 있습니다.

물론 주식투자에도 자동차 도로와 같이 생명선이 있습니다. 그래프 상에서 생명선을 침범하게 되면 커다란 위험에 처하게 될 수 있습니다. 따라서 우리는 그래프를 살펴보면서 생명선을 잘 지키는 자세를 배워야 합니다.

그래프에서 보면 업종지수와 대형주의 경우에는 20일 이동평균선이 생명선으로 작용하고 있습니다. 일반적으로 자본금이 작은 중소형주와 작전주, 우선주, 코스닥주의 경우에는 10일 이동평균선이 생명선으로 작용하고 있습니다.

중앙선을 지키면서 안전운전을 하는 것은 당연한 것이고 목적지까지 안정하게 도달할 수 있습니다. 마찬가지로 주가가 생명선인 20일 이동평균선 위에 머물고 있는 종목을 사고파는 것은 안전한 일이고 원하는 수익률을 올릴 수 있습니다.

그런데 난폭한 운전사는 조금 빨리 목적지에 도달하기 위해 종종 중앙선을 침범하기도 합니다. 일부 무모한 투자가들은 빠른 시간 안에 높은 수익률을 올리기 위해 수시로 생명선 아래 있는 종목들을 매수하고자 무리한 투자를 하기도 합니다. 물론 이러한 투자는 큰 손실을 보게 됩니다.

중앙선을 자주 침범하는 자동차는 지금 당장은 아닐지라도 언젠가 사고가 발생할 가능성이 매우 높을 것입니다. 역시 생명선 아래에 있는 종목들을 매수하거나 보유하고자 한다면 지금 당장은 아니더라도 머지않아 큰 손실을 보게 될 것입니다.

우리가 종목을 선정할 때는 항상 생명선을 살펴보아야 하고 생명선 위에 있는 종목을 선택해야 합니다. 또한 생명선이 살아서 상승하고 있는지를 살펴보아야 합니다. 주가가 생명선 위에 있어야 하고 더불어 생명선이 살아서 움직이고 있어야 안전합니다. 주가가 생명선 위에 머물고 있는 종목 중에서 매수해야 하며 그래야 믿을 수 있고 안전하게 투자를 할 수 있습니다.

남보다 조금 빨리 가겠다고 생명선을 자주 침범하는 종목을 매수하는 일은 위험한 투자입니다. 주가가 생명선을 하향이탈하는 종목들은 더 이상 살아있는 주식이 아니므로 그 순간을 매도시점으로 포착해야 합니다. 마치 친한 친구가 중앙선을 침범하면서 운전하고 있다면 즉시 충고해야 하듯이 주식도 지체 없이 매도해야 합니다.

| 주식도 계절을 타나요?

혹시 당신은 계절을 많이 탑니까? 여성들은 봄을 타고 남성들은 가을을 많이 탄다고 하지만 요사이는 너무도 바쁘게 살다보니 계절을 느낄 여유조차 없습니다. 그래도 계절에 예민한 멋쟁이들은 항상 계절을 앞서가고 있습니다.

사람만 계절은 타는 것이 아니고 동물들도 계절에 맞추어 털갈이도 하고 먹이를 비축하면서 동면에 들어가기도 합니다. 또한 나무들도 봄에는 새싹이 나고 여름에는 숲을 이루며 가을에는 붉게 물들게 됩니다.

우리들은 봄에 가까운 냇가에 가서 물고기를 잡으며 물놀이를 하고 여름에는 바다로 가서 파도타기나 수영을 합니다. 또 가을에는 단풍놀이를 하고 겨울에는 스키나 스케이트를 타러 다닙니다.

주식도 계절에 따라 희비가 엇갈리고 있습니다. 주식도 좋아하는 계절이 오면 기뻐서 어쩔 줄 모르다가, 좋아하는 계절이 지나가면 무척 아쉬워합니다. 무슨 얘기냐구요? 그럼 일년을 연초부터 연말까지 간단히 살펴보도록 하겠습니다.

일반적으로 연초에는 연말장세의 유동성이 계속 이어지면서 대형주 장세가 지속되는 경우가 있습니다. 특히 연초장세에는 새로운 한해를 기대하면서 정보통신, 반도체, 인터넷,

신약개발관련 등 첨단주들이 주도주로 부각됩니다.

연초가 지나 2, 3, 4월이 오면 연초장세와 달리 시중에 유동성이 부족해지면서 봄맞이 장세를 나타납니다. 대형주와 같은 무거운 주식보다는 가벼운 중소형 내수주 중심으로 순환상승이 나타나게 됩니다.

이 시기에는 졸업과 동시에 입학과 입사가 이어지고 신학기가 시작되면서 소풍철이 다가옵니다. 봄으로 계절이 바뀌면서 두껍고 무거운 옷에서 가볍고 화사한 봄옷으로 갈아입습니다. 따라서 가벼운 음식료, 섬유의복, 제약, 제지목재 등이 주로 움직이게 됩니다.

이제 4월과 5월이 오면 서서히 건설경기가 움직이기 시작합니다. 따라서 건설경기와 관련하여 시멘트, 유리제품, 타일, 석고보드 등 비금속 광물주와 전선주, 페인트, 철강 관련주들이 상승세를 보이기도 합니다.

6월이 지나면서 여름을 앞두고 장마철을 거쳐야 합니다. 장마철로 인해 수해피해가 클 경우에는 수해관련 수혜주들이 새로운 대마주로 부각되기도 합니다. 그중에 대표적인 것이 수해복구에 필요한 시멘트, 농약, 비료 그리고 생필품과 라면류들이 있습니다.

이제 7, 8월 여름장세가 시작되면서 무더위 관련주가 본격적으로 움직이기 시작됩니다. 특히 열대야가 며칠 동안 지속되기라도 하면 더위를 식히기 위해 맥주의 판매량이 증가하기 시작합니다. 무더위의 갈증을 없애기 위해 빙과류와 청량

음료들을 많이 마시게 됩니다.

뿐만 아니라 선풍기와 냉방관련 가전제품들이 상승하면서 지루한 여름장세를 이끌어 주기도 합니다. 반면 여름에 태풍과 집중호우로 인해 수해피해가 클 경우에는 수해관련 수혜주가 다시 부각되는 경우도 있습니다.

여름장세를 보내고 한가위를 맞이하는 9월이 오면 추석을 앞두고 마음은 풍요롭지만 증권업계는 가장 어렵고 힘든 시절이 찾아옵니다. 사실 어려운 봄과 여름장세를 견디어 오면서 인내에 한계를 느끼는 시기가 바로 9월 장세입니다.

하지만 9월이 지나가고 10월이 다가오면 언제 그랬냐는 듯이 본격적인 연말장세가 나타나기도 합니다. 물론 연말장세에서는 일 년 내내 구박만 받아온 은행주, 증권주, 보험주와 각 업종대표주들이 유동성을 앞세우고 상승하기 시작합니다.

| 휴일에는 등산을 가보세요

저는 주말이나 휴일에는 가까운 산에 올라가기를 좋아합니다. 자주는 못 가지만 종종 가까운 산에 올라가서 마음껏 산의 정기를 느끼고 있습니다. 등산을 하다 보면 산바람이 시원하게 불어오지만 흐르는 땀방울을 식히지는 못합니다.

산에 오르다 보면 여러 가지를 느끼게 됩니다. 올라갈 때는 힘들게 올라가지만 내려올 때는 허무하게 내려옵니다. 마치 주가움직임을 보는 듯합니다. 때로는 산등성이를 바라보면서 주가 그래프를 보고 있는 듯한 착각에 빠져들기도 합니다.

산은 오르니 내려오고, 내려가니 다시 올라가는 것입니다. 주가의 상승과 하락은 특별한 이유가 따로 없습니다. 그냥 멀리서 바라보는 사람들이 상승하는 주가에 이유를 붙이는 것 같습니다. 또한 내려가는 주가에 이유를 붙이고 있는 것 같습니다.

마치 산등성이를 바라보면서 너는 왜 오르막길이고 너는 왜 내리막길이냐고 묻는 것처럼 보입니다. 주가움직임도 이유가 있어서가 아니고 때가 되면 오르는 것이고 때가 되면 다시 내려가는 것처럼 보입니다.

해가 지면 달이 떠오르고 달이 지면 해가 떠오르는 것과 같은 이치라 생각합니다. 다음부터는 산에 오를 때마다 주가 움직임을 생각해 보시기 바랍니다. 또한 힘들게 올라가서 허무하게 내려오는 법을 깨우쳐 보시기 바랍니다.

| 증시는 승자를 위한 잔치

배운다는 것은 항상 중요한 일이며 나이가 따로 없다고 생각됩니다. 학교를 졸업하고 직장에 들어가면서 모든 공부와 시험에서 해방되는 줄 알았지만 또 다른 현실이 다가오고 있었습니다. 알아야 하던 공부에서 이제는 살기 위해 공부하고 있습니다.

특히 주식시장이라는 전장(戰場)에서 생존하기 위해서는 배우고 무장을 해야 합니다. 필자는 주식시장에서 20년 넘게 생활하면서 많은 투자가들을 보았습니다. 증시라는 전쟁터에 나오면서 총도 없이 나오는 투자가들이 많이 있었습니다.

간혹 총은 어떻게 얻어 가지고 나왔는데 실탄을 장전하는 법을 모르는 투자가들이 있었습니다. 때로는 실탄까지는 간신히 장전을 하였으나 총 쏘는 법을 모르고 마냥 총만 들고 다니는 투자가들도 보았습니다.

자칭 경력이 오래되었다는 어느 투자가는 총 쏘는 법까지는 어떻게 배웠지만 과녁에 맞추지를 못하고 허공에 대고 아까운 실탄만 날리고 있었습니다. 제대로 총 쏘는 법을 배우지 못하고 모든 것을 운에 맡기고 무작정 전쟁터에 나왔습니다.

과거 수많은 용사들이 이제는 모두 무명용사가 되어 있습니다. 아마도 과거 격전지를 되돌아보면서 옛일을 회상하고 있을지 모릅니다. 강인한 훈련을 마치고 완전무장을 한 백발백중의 용사라 하더라도 살아남는다는 보장이 없는 곳이 바로 증권시장이라는 전쟁터였습니다.

지나간 과거의 무명용사로 남지 않기 위해서는 증시라는 전쟁터에서 끝까지 살아남아야 합니다. 끝까지 살아남기 위해서는 총 쏘는 법을 배우고 익히며 공격할 때와 후퇴할 때를 구분해야 합니다. 격전지마다 모든 어려움을 이겨내고 살아남는 백전노장이 되어야 합니다.

성공투자는 항상 배우는 자세로 노력하는 투자가들의 몫입니다. 성공투자는 쉽게 오지 않으며 노력하지 않은 결실은 오래가지 못합니다. 따라서 증시에서 성공하는 투자가는 항상 노력하는 투자가로 보시기 바랍니다.

유능한 낚시꾼은 물고기 잡는 법을 배우려 하지, 오늘 얻은 물고기 한 마리를 중요하게 여기지 않습니다. 오늘 얻은 물고기 한 마리는 내일을 기약할 수 없습니다. 그렇지만 오늘 물고기 잡는 법을 배운다면 내일부터는 언제든지 필요할 때마다 물고기를 잡을 수 있습니다.

| 하루아침에 이루어지는 것은 없습니다.

서두르지 마세요. 상담을 하다보면 가끔 이런 이야기를 듣게 됩니다. 주식공부를 열심히는 하고 있는데 별 도움이 안 된다고 말합니다. 책을 아무리 보아도 실전투자에서 도저히 적용할 수 없다고 불평을 합니다.

이처럼 이론과 실전과의 거리감을 좁히지 못하고 있는 사람들이 종종 주식공부의 어려움을 말하고 있습니다. 아마도 주식공부를 너무 서두르고 있기 때문이 아닌가 싶습니다. 그래서 하루아침에 이루어지는 것은 아무것도 없다고 생각됩니다.

우리는 가끔 착각을 하기도 합니다. 요리학원 몇 달 다니고 나서 훌륭한 요리사라고 말할 수는 없을 것입니다. 요리책에 나오는 설명서를 보고서 누구나 비슷하게 설렁탕을 끓일 수는 있습니다. 하지만 어머니가 끓여 주시는 진한 국물맛은 우러나지 않을 것입니다.

테니스를 배우고자 몇 달 동안 책을 통해 이론공부를 했다고 실전에서 활용하지는 못합니다. 또한 강사로부터 직접 강습을 받았다고 당장 시합에 나갈 수는 없습니다. 몇 년을 두고 반복된 연습을 거쳐야만 한 명의 선수가 탄생하게 되는 것입니다.

중국 요리사가 되기 위해서는 최소 5년 이상의 수련과정을 거쳐야 비로소 밀가루 반죽을 할 수 있는 자격이 생긴다고 들었습니다. 그전까지는 접시도 닦고 양파도 다듬으면서 요리사가 갖추어야 할 소양을 하나씩 배워나간다고 합니다.

마찬가지로 주식공부도 실전에 참여하기 위해서는 최소한 몇 년 동안의 부단한 노력과 끊임없는 시행착오가 필요합니다. 이론과 실전경험을 통하여 수많은 사례들을 겪으면서 서서히 자신도 모르는 사이에 베테랑으로 변해가는 것입니다.

서두르지 않고 차근차근 단계를 밟아 나간다면 원하는 목표에 도달할 수 있습니다. 마음에 힘을 빼는 과정도 필요하며 때로는 욕심을 버릴 줄 아는 지혜도 필요합니다. 그러면서 증시에는 살아남는 법을 조금씩 터득해 나가는 것입니다.

| 1등주를 찾아보세요 - 손수건 법칙

필자는 학창시절 공부나 시험하고는 조금 거리가 멀었습니다. 그래서 1등이라는 등수와 별로 친하게 지내지를 못했습니다. 하지만 주식시장에서는 1등주만을 좋아하며 찾아다니고 있습니다.

매우 이기주의적인 발상이라고 생각되지만 주식시장에서는 매우 중요한 이야기입니다.

여러분들은 항상 현 장세에서 1등주가 무엇인지를 살펴보고 매수하시기 바랍니다. 1등주가 너무 많이 올랐다고 덜 오른 2등주를 선호하게 되면 역시 말 그대로 2등주가 되는 것입니다.

상승장세에서는 1등주가 먼저 오름세를 보이면서 주도주로 부각됩니다. 물론 상승폭도 다른 주식들에 비해 더 크게 나타납니다.

많이 올랐다는 이유만으로 덜 오른 2등주를 사게 되면 올라갈 때는 2등이지만 오히려 하락할 때는 1등주보다 더 먼저 더 많이 하락하게 됩니다.

가능하면 안전하고 주도주인 1등주를 찾아서 매매하는 습관을 들여 보시기 바랍니다.

올라갈 때는 1등이지만 내려올 때는 다른 주식들이 다 하락한 다음에 천천히 내려오는 것이 바로 1등주의 특징입니다.

그래서 누군가 이것을 손수건에 비유하여 '손수건 법칙'이라 불렀습니다.

책상 위에 손수건을 펼쳐 놓고 손수건의 가운데를 손가락으로 잡았다가 살짝 내려놔 보세요. 아마도 손을 잡았던 부분은 제일 먼저 오르다 제일 나중에 내려가게 될 것입니다. 또한 여전히 볼록하게 남아 있지만 덩달아 올라간 가장자리는 흔적도 없이 책상 위에 펼쳐져 있습니다.

| 주가상승은 우리를 즐겁게 해주고

주식시장이 살아나면 제일 먼저 증권가 중심지인 여의도의 경기가 살아납니다. 평소에 외출을 삼가시는 분들도 여의도에 있는 증권사 영업점으로 발길을 옮깁니다. 30여 개가 넘는 증권사 영업점이 연일 폭등장세로 발붙일 공간이 없게 됩니다.

점심시간이 되면 한동안 한가하던 식당들이 주머니가 두툼해진 증권 투자가들로 술렁거리게 됩니다. 밤이 되면 수천 명이 넘는 증권사 직원들과 투자가들이 서로 어울려 2, 3차를 외치며 술집으로 향합니다.

일부 술집들은 며칠 전에 미리 예약을 해야 할 정도로 손님들이 많습니다. 아무나 자리를 잡고 술을 마실 수가 없습니다. 이때가 되면 손님을 대하는 친절도가 많이 떨어지지만 그래도 자리를 잡았다는 데 매우 만족하고 있습니다.

마찬가지로 주식시장이 살아나면 전국에 있는 각 증권사 영업점 주변으로 실물경기가 활력을 보이기 시작합니다. 식당과 커피숍 그리고 술집에서부터 옷집과 가전제품, 서점에까지 고객들의 발길이 늘어나게 됩니다.

주식시장이 살아나면 많은 수익률을 올린 투자가들로 인해 시중에 유동성이 풍부해지게 됩니다. 풍부한 유동성을 바탕으로 이후 6개월에서 1년쯤 지나고 나면 그 동안 꽁꽁 얼어붙었던 부동산 경기도 서서히 기지개를 펴게 됩니다.

일반적으로 주식시장은 부동산 경기에 1년 정도 선행하는 것으로 알려져 있습니다. 또한 주식시장은 경기에 6개월에서 9개월 정도 선행하는 것으로 보고 있습니다. 우리는 항상 상승하는 주식시장을 기대하고 있습니다.

| 잘 넘어지는 것도 기술입니다.

겨울이 오면 스키를 타러 떠나는 즐거움이 있습니다. 어릴 적 스케이트를 지치던 기억도 되살아납니다. 어제는 영동지방에 폭설이 내렸다고 합니다. 올해는 예년에 비하여 눈이 많이 내릴 거라는 기상대 발표가 있었습니다.

우리는 스케이트와 스키를 맨 처음 배울 때에는 걸음마를 배우자마자 먼저 넘어지는 법을 배우게 됩니다. 또한 유도를 처음 배울 때에도 낙법부터 배우고 있습니다.

마찬가지로 주식투자도 처음 배울 때는 넘어지는 법부터 배워야 합니다. 어느 누구라도 넘어지지 않고 배울 수는 없습니다. 원숭이도 나무에서 떨어질 때가 있다고 합니다. 하물며 초보 투자가라면 당연히 넘어지지 않고 배울 수는 없을 것입니다.

넘어지는 법을 모르면 단 한 번의 실수로 큰 피해를 볼 수 밖에 없습니다. 물론 배운 대로 넘어진다고 하더라도 엉덩이는 아플 것입니다. 하지만 다시 일어나는 데는 전혀 지장이 없습니다. 잘 넘어지는 기술을 배우는 것이 증시에서 성공하는 비결이라고 생각합니다.

스키를 타거나 주식투자를 하면서 넘어지는 것을 두려워해서는 안 됩니다. 누구나 한번쯤 넘어질 수는 있습니다. 가능한 한 안전하게 넘어져야 다시 일어날 수 있습니다. 넘어지는 것을 두려워하며 버티다가는 더 큰 위험이 기다리고 있을지 모릅니다.

| 정신교육이 먼저

주가분석을 할 때에는 마음의 수양이 필요합니다. 태권도나 유도, 바둑을 배워도 모두 정신교육이 먼저입니다. 정신이 안정되고 맑아지지 않은 상태에서 주식투자는 성공하기 어렵습니다. 주식투자를 잘하기 위해서는 욕심을 버리고 여유를 갖는 훈련이 필요합니다.

"그게 무슨 말이야? 내가 종목하나 잘 골라서 투자를 하면 돈을 버는 거지!"라고 말할 수 있습니다. 하지만 그런 투자는 오래가지 못합니다. 항상 나에게 좋은 종목만 나타나는 것도 아니고 한 번의 종목선정의 실수로 인해 원금이 날아갈 수도 있습니다.

내가 들고 있는 것이 다이아몬드인지 금가루나 은가루가 묻어 있는지 아니면 평범한 돌멩이에 불과한지를 구분할 수 있는 마음의 여유가 필요합니다. 돈을 앞에 두고 마음을 비우고 욕심을 버리는 자세가 무엇보다 필요합니다. 성공투자를 위해 매일 반성하면서 마음을 가다듬고 내일을 기약해 보시기 바랍니다.

| 예비 병력이 충분할수록 좋아요

주식투자를 하면서 수익률이 나거든 수익금은 따로 분리하는 것이 좋습니다. 원금과 분리하여 보관하고 서로 섞이지 않게 관리하기 바랍니다. 만일의 경우 원금이 다치더라도 수익금만큼은 보전을 시켜야 합니다.

주식시장은 돈을 가지고 벌이는 치열한 전쟁터입니다. 선발대가 있으면 후발대도 있고 1진이 있으면 2진도 있어야 합니다. 또한 항상 예비 병력을 보유하고 있어야 마음 놓고 전쟁을 치를 수 있는 것입니다.

야구경기에서도 이기기 위해 매일 선동렬과 박찬호 선수를 선발로 내세워 완투를 시킬 수는 없습니다. 항상 여유 있게 뒤를 받쳐주는 선수가 있어야 경기가 가능할 것입니다. 선발투수가 있고 중간요원이 있으며 마무리 투수가 제 역할을 다해 주어야 합니다.

마찬가지로 주식투자에 있어서도 비록 작은 돈이지만 선발대, 후발대, 예비 병력을 구분하여 잘 분배하기 바랍니다. 작전이 없는 전쟁은 있을 수 없으며 승리도 보장을 받을 수 없습니다. 충분한 예비 병력이 승패를 좌우할 수 있습니다.

부록

주식투자 격언집

▌가지 많은 나무 바람 잘 날 없다

분산투자를 하되 너무 많은 종목으로 하지 말고 초보자의 경우 3~5개 종목으로 하라.

▌강한 기를 쫓는 일 없고, 당당한 진을 공격하는 일 없다

강한 상대와는 싸우지 말라는 말이다.

▌게으름 부리지 않고 가면 천리 끝을 볼 수 있다. 소걸음처럼 느리더라도

주식투자는 서두르는 마음을 억누르고 침착한 마음가짐으로 행해야 한다. 확실한 한 발 한 발이 모여 결국 천리를 가는 것이지 한 번에 가려고 하다가는 주저앉고 만다.

▌결코 승리에 편승하지 말라. 여유 있게 머물러야 한다

무서운 상승세 이후 천장을 친 종목에서 많은 이익을 남겼다고 해서 그 종목이 일정 수준 하락했다고 다시 매입하는 것은 바람직하지 않다.

▌경계심이 강할 때 시세는 좀처럼 천장을 치지 않는다

급등세의 마지막은 낙관적인 분위기가 팽배한 경우가 대부분이다. 따라서 경계심이 강한 상태에서는 매수세력이 아직도 남아 있으므로 천장이 아니다.

▌고집 장사는 파멸의 원인

하나의 업종만을 고집하거나 손해를 본 종목은 절대로 팔지 않는다거나 하는 고집은 결국 실패를 낳기 마련이다. 주식매매는 유연하고 융통성이 있는 것이라야 한다.

▌공격은 최대의 방어

주식매입에 있어서는 언제나 공격적이 되어야 하며, 실패임을 알았을 경우에는 보다 빨리 매도를 해야 한다.

▌군에 공격할 곳이 있고, 성에 공격할 곳이 있고, 땅에 싸울 곳이 있다

주식을 사는 경우에 있어 아무 종목이나 싸다고 선택해서는 안 된다. 고가주든지 저가주든지 가격에 상관없이 좋은 주식만을 고르는 것이 중요하다.

▌금융장세에는 큰 시세가 형성된다

재료를 수반하고 움직이면 실적장세라고 하며, 유동성으로 형성하는 것을 금융장세라 한다. 금융장세에서는 매입세력이 강하기 때문에 큰 시세가 나는 것이 보통이다. 중소형주보다 대형주의 상승폭이 큰 경우가 많다.

▌기다림은 인(仁)이다

주식매매에 있어 가장 중요한 것 중의 하나이자 가장 어려운 것 중의 하나이다. 매입하기 전에 가격의 하락을 기다리는 것과 매입 후 상승하기를 기다리는 2가지가 있다고 할 것이다.

▌ 기업 내용에만 치중하면 안 된다

기업내용이 좋으면 언젠가는 상승하고 나쁘면 언젠가는 하락한다. 그러나 주가에 반영되는 시기는 이와는 다르기 때문에 기업내용과 더불어 기술적 분석을 통한 투자가 바람직하다.

▌ 기회는 소녀처럼 왔다가 토끼처럼 달아난다

주식투자에 있어 매매시점의 포착은 매우 중요하다. 최고의 매매시점은 순식간에 지나가 버리므로 충분히 관찰하는 인내가 필요하다.

▌ 긴 보합은 폭등이나 폭락의 전조다

바닥권이나 상승의 중간에서의 긴 보합은 상승을 위한 에너지 축적이므로 주가가 상승하면 큰 시세를 내지만, 천장권이나 하락중간에서의 보합은 폭락으로 이어지는 경우가 많다.

▌ 꼭지에서 팔면 꼭지에서 사게 된다

지나친 투자수익기대는 금물

▌ 꼴뚜기가 뛰니 망둥이가 뛴다

상승장세에서 뇌동매매를 삼가라

▌ 꽃과 같은 주도 성한 때는 오래가지 않는다. 자산주도 항상 경계가 필요하다

아무리 인기주라고 하더라도 유행이 지나면 시들게 된다.

▌꿈이 있는 주식이 가장 크게 오른다

주가에는 때로 현재가 아닌 미래에 대한 기대가 반영되기도 한다. 즉 현재의 재무상태나 수익성이 나쁘다고 하더라도 장래의 수익성과 성장성이 미리 반영되는 경우가 있다.

▌끼 있는 주식이 가장 잘 올라간다

과거에 인기주로서 활약을 한 주식은 다음에 상승할 때에도 크게 오르는 경향이 있다. 한번 크게 오른 종목은 투자자들이 높은 인식을 갖고 있기 때문에 큰 세력이 다시 작전을 시도하는 경우가 있기 때문이다.

▌나름대로의 기준을 세워 독자적인 투자방법을 개발하라

주식투자의 원칙을 모두 실천할 수는 없다. 따라서 자신의 성격이나 환경에 맞는 투자방법을 개발하는 것이 필요하다.

▌나 하나의 소견으로 매매를 정하는 것은 좋지 않다

막연한 느낌으로 매매를 해서는 주식투자에서 성공할 수 없다. 언제나 근거를 충분히 조사해야 한다는 것이다.

▌내 마음에 맞는 것은 모두 독이고 내 마음에 불편한 것은 모두 약이다

주식투자 실패의 많은 원인이 이성이 아닌 감성에 따른 매매를 하기 때문이다. 감정에 얽매이는 매매는 후에 큰 후회를 낳는 법이다. 냉정한 이성으로 감성을 누를 줄 알아야 성공할 수 있는 것이다.

▌ 내려갈 만큼 내려가면 약세의 기미가 보이고 오를 만큼 오르면 천장이라는 것을 알라

주가가 상승 또는 하락을 지속한다 하더라도 한계가 있는 법이다. 시세를 냉정하게 바라보면서 매매전략을 세워야 할 것이다.

▌ 내릴 때는 기다려도 내리지 않는다

상승추세인 주가는 하락을 기다려도 오지 않는다. 추세를 잘 살펴보아야 할 필요가 있다.

▌ 내림시세의 매입은 바닥을 사지 않으면 이익이 적다

하락세일 경우에는 매입하는 것이 위험하나, 사야만 하는 경우에는 바닥이 아니면 사지 않는 경우가 좋다. 또한 바닥에서 매입했다 하더라도 고점에서 재빨리 매도하지 않으면 이익을 내기 어렵다.

▌ 내부 정보도 틀릴 경우가 많다

내부정보는 도중에 와전되거나 최종 결정과정에서 취소나 변경 또는 연기되는 수가 있으며, 정보가 사실이라고 하더라도 가격에 반영되는 시점까지 기다려야 하는 경우도 있다. 따라서 내부정보만 믿고 투자하는 것은 매우 위험하다.

▌ 내일 필 것이라고 생각한 벚꽃, 밤바람에 날려버린다

팔려고 생각한 주식은 바로 그날 팔아야 하는 것이다. 여유를 부리다가는 좋은 찬스를 놓치기 쉽다. 매입 또한 마찬가지다.

▌ 너무 알려진 주식은 피하는 것이 좋다

이러한 주식은 이미 많은 사람이 보유를 하고 있어 매수세력이 약할 뿐 아니라 대부분의 경우 가격에 반영되어 있기 때문에 조만간 하락할 가능성이 크다.

▌ 뉴스기사는 행간을 해석하라

같은 내용의 뉴스도 신문별로 다를 뿐만 아니라 추측보도와 각색기사 등이 있는 경우가 있으므로 과신하지 말고, 행간에 숨겨진 의미를 해석하는 것이 필요하다.

▌ 느긋해야 할 때 서두르는 것은 곧 큰 과실이 된다. 서둘러야 할 때 늦는 것 또한 큰 과실이 된다

매매의 속도를 잘 조절해야 한다.

▌ 단도를 항상 똑같은 자세로 잡고 있으면 이치에 맞지 않을 때도 있다

한 가지 형태에 얽매인 매매방식은 어긋나는 경우가 많다. 주식투자의 목적은 돈을 벌기 위함이므로 이를 위해서는 어떤 자세라도 상관이 없는 것이다.

▌ 달걀은 한 바구니에 담지 마라

주식은 시기와 종목별로 분산투자를 하여야 한다. 집중투자는 적중 시는 큰 이익을 올릴 수 있지만 그만큼 위험부담 또한 크다. 전부를 잃는 불상사는 막아야 한다.

▮ 당시에 기분이 좋은 것은 반드시 후에 후회하는 일이 된다

주위의 분위기에 편승하는 매매는 실패하기 쉽다. 분위기에 편승하여 매매할 경우 당연한 일을 한 기분이 들겠지만 이와 같은 기분 좋은 매매는 후에 후회하게 되기 쉽다.

▮ 당연한 일을 당연하게 하면 당연한 일이 당연히 된다

주식매매는 싸게 사고 비싸게 파는 것이 기본이다. 그러나 이 당연한 행동을 대부분 하지 못한다. 천장권에서도 더 오를 것으로 보여 매입을 하고, 빠질 것을 알면서도 매도를 하지 못하는 상황에서는 당연히 이익을 낼 수 없는 것이다.

▮ 대량거래가 지속되면 천장의 징조이다

가격이 급등하는 경우 천장 부근에서는 전문가에서 일반투자자들로 주식이 이전되며 거래량이 크게 증가한다. 이렇게 교체가 완료된 이후에는 매입세력이 현저히 감소하므로 주가는 폭락한다.

▮ 대세는 오래가도 개별 종목 시세는 짧다

종합주가지수가 계속 상승하는 기간에도 모든 종목이 동시에 상승하는 것은 아니다. 먼저 우량주가 다음에 보통주, 부실저가주 순으로 오르면서 종합주가지수를 올리는 것이다.

▮ 대중은 항상 틀린다

대중은 깊은 생각보다는 수박 겉핥기식의 생각에 젖어 있기 때문에 진리보다는 착각에 빠지기 쉽다. 따라서 주식으로 성공하기 위해서는 대중심리를 벗어나야 한다.

▌ 대중이 가는 뒤안길에 꽃길이 있다

인기종목이 아닌 비인기 종목 중에서도 재무구조가 건실하고 성장성이 높은 종목이 숨어 있을 수 있다. 이런 주식을 선택했을 경우에 큰 수익을 올릴 수 있다.

▌ 덤비는 물고기는 낚시에 걸린다

남의 이야기만을 신봉하여 투자를 하는 행동보다는 신중하게 판단하고 행동하는 투자전략이 손해를 보지 않는다.

▌ 도미를 사려가서 정어리를 사지 마라

한 주식을 충분한 분석 후 매수하려 했을 때 단순히 타인의 말에 현혹되어 다른 것을 매수해서는 안 된다.

▌ 독수리는 참새를 잡아먹는다

정보에 빠른 투자자는 정보에 약한 투자자를 잡아먹는다는 말로서 참새는 항상 독수리를 경계해야 한다는 말이다.

▌ 돈 버는 사람을 따라가라

주식투자에 항상 성공하는 사람은 매번 운이 좋은 것처럼 보이지만 나름대로의 이유가 있는 법이다. 이런 사람의 투자전략을 따라하면 자기도 성공할 확률이 커진다.

▌ 돌이 뜨고 나뭇잎이 가라앉는다

대세상승기에서 종합주가지수가 하락 내지 보합세를 유지할 때 우량주가 부진하고 부실주가 상승하는 경우에 자주 사용되는 말이다.

▮ 동트기 전이 가장 어둡다

모든 투자자가 현재의 주식시세에 집착하여 사려는 의도를 포기하고 있을 때 주가는 바닥에 있고 얼마 안 되어 상승하게 된다.

▮ 루머에 사고 뉴스에 팔아라

남들이 다 아는 정보는 정보로서의 가치가 없을 뿐만 아니라 매도시점이 된다.

▮ 마음이 어지러운 시세 때는 쉬어야 한다

시세는 벌기 쉬운 시세, 어려운 시세, 알기 어려운 시세로 나뉘는데 알기 어려운 시세에서는 쉬어야 한다.

▮ 마찰을 두려워한다면 인생에서 무엇을 할 수 있을까. 넘어지면 다칠 것을 각오하지 않고서는 스포츠 선수가 될 수 없다

절대로 안전한 주식은 없다. 어떤 주식이든지 손해를 볼 가능성이 있는 것이다.

▮ 만사에 의지할 것 없다. 어리석은 사람은 깊이 의지하기 때문에 곤란을 겪는 일이 있다

타인에 의지하는 사람은 실패하기 쉽다. 타인의 충고는 받아들여도 역시 자신이 되새김을 해야 하는 것이다.

▮ 만인이 모두 강세라면 바보가 되어 팔아야 한다

천장 부근에서의 행동전략인데 이 경우 기세를 따라 사면 안 되고 보유주식도 과감히 매도해야 한다.

■ 매력 있는 주만을 겨냥한다

주가의 움직임을 정확하게 예측하는 전문가는 결국 인기종목을 발굴하는 전문가이다. 과거에 소외되었다고 해도 현재 미인주로 등장하면 과거의 생각을 버리고 적극 매수에 나서야 한다.

■ 매매기준은 주가 수준보다 대세의 흐름이다

대시세의 시작이 예고된다면 가격에 상관없이 매입해야 하고 천장을 치고 하락하는 종목은 아무리 싸도 매입해서는 안 된다.

■ 매입가격은 잊어버려

매수를 잘못하였을 때 매입가격을 고려하여서는 매도하기가 곤란해지는 경우가 많다. 장세하락을 알고 있을 경우에는 과감한 손절매가 필요하다.

■ 매입은 색시같이, 매도는 제비같이

주가가 바닥시세에 오기까지를 기다리지 말고, 바닥시세에 도달하기 전에 조금씩 매수를 해 나가야 하며, 주가가 상승세로 돌아 천장국면에 이르면 욕심을 버리고 과감히 매도를 해야 한다.

■ 매입은 천천히 매도는 신속하게

매입은 느긋한 마음으로 낮은 가격을 골라서 해야 하며 조급하게 사는 것은 금물이다. 반대로 매도는 일단 생각했으면 가격고하를 막론하고 추격매도를 하는 것이 바람직하다.

▌모든 사람들이 비관할 때 바보처럼 사두라

모든 사람들이 악재에 주식을 매도할 때 싼 가격에 주식을 조금씩 매수해 두면 전환기를 맞이하여 큰돈을 벌 수 있다.

▌모든 재료가 주가에 반영되지는 않는다

재료는 일반투자자에게 알려져야 주가에 반영되며 알려진 후에는 시장분위기나 인기흐름에 부합해야 가격이 오르는 법이다. 너무 빠른 매입은 오랜 기간 동안 상승 없는 보유를 하게 만든다.

▌무엇이든 첫발이 중요하다

어떠한 매입도 처음이 중요하다. 일단 첫발을 잘못 내디딘 경우에는 빨리 발을 빼야 한다. 투자가가 시작부터 실패하는 경우는 매입 전 충분한 조사를 하지 않기 때문이다.

▌미인은 소형주에 한한다

개인마다 미인주에 대한 시각이 다르겠지만 대형주나 대형우량주의 경우는 남들이 이미 다 알고 있는 경우이므로 미인주가 되기 어렵다.

▌미인의 조건은 시속에 따라 변화한다

현재 인기가 없는 주식에도 관심을 갖고 지켜보아야 한다.

▌밀짚모자는 겨울에 사라

남들이 관심을 두지 않을 때 싼값으로 주식을 사야 크게 수익을 올릴 수 있다. 그러나 오랫동안 보유해야 하므로 일반 투자자들은 행동에 옮기기가 어렵다.

▮ 바둑을 두는 데 이기려 두지 않고 지지 않으려는 마음을 갖고 두었다. 이와 같은 마음으로 장사에 임해야 한다

확실히 이길 것이라는 전략과 자신감을 갖고 주식매매에 임해야 할 것이다. 이익실현과 손절매와 같은 모든 대응책을 미리 세워야 가능하다.

▮ 반 값 되돌리기는 전체적인 값 되돌리기

한번 천장을 친 주식이 반 가격수준으로 내려와서 오르기 시작하면 원래의 가격까지 갈 수 있다는 말이다. 그러나 현실적으로는 그만한 강세가 다시 시작되기는 어렵다.

▮ 반락이 얕으면 큰 시세가 온다

조정국면에서 반락 폭이 적으면 대기 매수세가 강하다는 것이므로 반등할 때 크게 오르고 반락이 깊으면 매수세가 약한 것이므로 반등 또한 약하기 마련이다.

▮ 받아 서는 것이 시세의 요령

이 말은 매매에 있어서 찬스가 없을 경우에는 소극적으로 있으라는 말이다. 찬스가 있을 경우에는 적극적으로 행동해야 함은 물론이다.

배짱도 필요하다

위험을 두려워한 나머지 주가 바닥 시에 사지 못하고 소극적으로 있으면 투자에 실패한다.

병사가 항상 기세 좋을 수는 없고 물은 항상 같은 모양이 아니다

주식시장은 항상 변화하고 있는데 한 가지 생각만을 고집하고 있다면 한 번의 성공과 수많은 실패가 이어지게 된다. 시세에 따라 투자패턴도 변해야지 과거의 경험으로 일정한 패턴에 얽매어 있다면 틀린 판단을 하게 된다.

보합 시세는 무너지는 쪽으로 붙어라

보합의 경우는 상승이나 하락한 쪽으로 기울기 마련이므로 현금으로 보유하고 있다가 보합이 깨어지는 방향으로 따라붙는 것이 유리하다.

분별도 생각도 없는 매입은 사람들이 버리는 찌꺼기를 사는 것

찌꺼기란 수익을 한껏 올리고 매도하는 주식을 말한다. 시장분위기에 휩쓸려 아무 생각 없이 매입한 주식은 천장부근일 경우가 많다.

불 속으로 뛰어들 듯 크게 마음먹고 팔아야 한다

매도는 과감히 해야 한다.

사기 힘든 주식 팔기도 힘들다

초보자의 경우 환금성을 생각하며 투자해야 한다. 급등한 주식 매입 시 급락하면 심리적으로 매도하기가 어렵다.

■ **사는 것보다 파는 것이 더 중요하다**

사자마자 오르는 주식을 고르는 것이 가장 좋은 매수이듯이, 손해를 보았을 경우라도 떨어질 주식은 파는 것 또한 가장 좋은 매도이다.

■ **사는 데 의견이 일치하면 팔고, 파는 데 의견이 일치하면 사라**

흥분된 투자심리를 버리고 이성적 판단을 하라.

■ **사람이 가는 속에 길이 있고 꽃의 산이 있다**

주식매매에 있어서 타인의 의견과 자신의 마음을 억누르며 매매를 행해야 할 때가 있다. 자신의 생각이 가장 옳다고 느끼면 그대로 하는 것이 바람직하며 타인으로부터 독립되어 자신만의 길을 걸어가야 할 것이다.

■ **사려고 조급히 굴지 않는 것이 강세의 비밀이고 언제나 싼 날을 기다려 사라**

매매에 임할 때는 조급함은 금물이다. 조급함을 없애는 방법은 싼 가격에 일부 사두는 것이다. 이 경우 마음에 여유가 생겨 올라가더라도 급하게 높은 가격으로 사는 우를 피할 수 있다.

■ **사물에는 박자가 있지만 특히 병법의 박자는 단련 없이는 미칠 수 없는 것이다**

주식투자에 있어 타이밍의 중요성을 강조한 말로서 부단한 노력을 통해 얻을 수 있다.

▌ 사물을 외관으로 판단하지 않는 사람이야말로 천박한 것이다

주식을 내용으로만 판단하면 안 된다. 시세에 따라 인기주에 편승하는 것이 수익을 극대화할 수 있는 것이다.

▌ 사야 하고 팔아야 하고 쉬어야 한다

쉬는 것도 투자이다. 잦은 매매는 실패의 원인이다. 주식투자는 약세장에서 사서, 강세장에서 파는 것이 원칙이다. 그러나 하락장에서 마이너스의 투자보다는 수익의 휴식 또한 투자인 것이다.

▌ 사지 못하겠으면 팔고, 팔지 못하겠으면 사라

어떤 주식을 사지 못하겠으면 현재 그 주식이 가격이 높게 형성되어 있는 경우가 많아 하락하기 쉽다.

▌ 사지에서는 죽음을 무릅쓰고 싸운다

주식투자에서의 결과는 성공 아니면 실패. 전쟁터와 마찬가지로 열심히 상황을 살피며 열심히 트레이닝을 해야 할 것이다.

▌ 산이 높으면 계곡도 깊다

주가가 어떤 호재로 큰 폭의 상승이 있다고 하너라고 내재가치 이상으로 오르면 떨어지기 마련이다. 단 한 번의 성공으로 일확천금을 벌 수도 있으나 단 한 번의 실수로 패가망신할 수도 있다.

▌ 새 술은 새 부대에 담아라

과거에 손해를 보았더라도 그에 집착하지 말고 새로운 기분으로 투자를 해야 한다.

▌ 생선의 꼬리와 머리는 고양이에게 주라

지나치게 낮은 가격에 사려 하거나 지나치게 높은 가격에 팔려 하지 말고 욕심을 줄여라.

▌ 선하게 싸우는 자의 승리는 지명도 없고 용공도 없다

승산이 있을 때만 싸우는 장군이 명장이다. 승산이 있을 때까지는 인내심을 갖고 기다리는 것이다. 주식투자도 이와 같다. 백전백승을 위해서는 확신이 있을 때만 매매에 임해야 하는 것이다.

▌ 세상에서 달라지는 성질이 있어서 어제의 늪이 오늘은 여울이 된다

좋은 주식도 시간이 지나면 그 가치가 하락하며, 시세 또한 변하기 마련이다. 변화하는 세상에 자신도 따라 변해야 하는 것이다.

▌ 소란 떨지 말라, 둥근 달밤도 유일한 하루일뿐이다

주가는 영원히 오르지 않는다.

▌ 소문난 잔치에 먹을 것이 없다

관심이 집중된 주식은 크게 오르지 못한다.

▌ 소문에 사고 뉴스에 팔아라

재료는 소문단계에서 이미 주가에 대부분 반영되어 버리기 때문에 공식적으로 발표할 시점에서는 재료로서의 가치가 없어진 시기이다. 따라서 뉴스가 발표된 시점에서는 재료가 주가에 얼마나 반영되었는가를 충분히 살펴보아야 한다.

▌소위 잘 싸우는 사람은 쉽게 이기는 사람이다

주식투자의 시작은 시세판단에서부터 시작된다. 시세판단이 올바른 사람은 이미 이익을 보장받고 매매에 나선다. 시세를 알기 어려울 때는 쉬는 것 또한 중요하다.

▌손해보고 있는 종목부터 팔아라

초보 투자자들은 이익 나는 종목은 얼른 매도하고 손해난 종목만 보유하고 있는데 이렇게 되면 결국에는 손해난 종목만 보유하고 있게 된다. 손해보고 있는 종목부터 팔아야 나중에 올라가는 종목만 보유하게 되는 것이다.

▌수급은 모든 재료에 우선한다

주식은 일반 생필품과는 달리 없어도 살 수 있다. 따라서 언제나 일정 수요가 존재하는 것이 아니다. 주가의 상승은 매입세력이 매도세력보다 클 뿐만 아니라 오른 가격에서도 사려고 해야 이루어진다. 따라서 주가에 일차적으로 영향을 미치는 것은 바로 수요와 공급이지 재료가 아니다. 재료는 바로 이 수요와 공급에 영향을 미치게 된다.

▌수급은 모든 것에 우선한다

주가는 근본적으로 수요와 공급에 의해서 결정된다. 수요세력이 큰 경우에는 어떠한 악재에서도 주가는 오르고, 매도세력이 큰 경우에는 어떠한 호재나 부양책에도 주가는 하락하기 마련이다.

▌숲을 보고 나무를 잃지 말라

전반적인 시장분위기를 주시하되, 모든 종목이 동일한 움직임을 갖지 않으므로 개별종목을 살피는 일 또한 게을리하면 안 된다.

▌쉽게 오르면 쉽게 내린다

인기주 위주의 투자는 초보자에게 상당히 위험하다.

▌승병은 우선 이기고 후에 싸움을 구하고, 패병은 우선 싸우고 후에 승리를 구한다고 했다

주식투자에서 승리하는 사람은 철저한 조사 후 매입에 들어가고, 실패하는 사람은 일단 매입해 두고 조사를 한다. 대부분의 투자자는 매입 후에도 조사를 하지 않는다.

▌시대의 취미에 맞는 미인이 아니어서는 안 된다

종목 선정 시에는 상승초기에 미인주을 고르는 것이 수익을 크게 올릴 수 있는 전략이다.

▌시대적 대의명분이 있는 미인주를 발굴하라

미인주도 상승 초기에는 일반투자자에게는 잘 알려져 있지 않지만 상승세가 진행된 후에는 상당한 매입세력을 만들어 낸다.

▌시세 동향을 표시한 그래프는 투자가의 척도이다

차트의 유용성을 강조한 말로 사용하는 사람의 관점에 따라 유익할 수도 무익할 수도 있다. 올바른 차트분석이 필요하다.

▌ 시세는 시세에게 물어라

시세가 가는 대로 투자방향을 설정하는 것이 성공비결이다. 시세는 차트에 나타나게 되므로 차트 상의 거래량과 주가의 흐름 등을 잘 관찰하여 시세를 판단해야 한다.

▌ 시세는 인기 7할, 재료 3할

주가는 재료 그 자체보다도 사람들이 어떻게 생각해주느냐에 따라 오르고 내린다.

▌ 시세에 졸업이란 없다

주가에 영향을 미치는 수많은 요인들을 분석하여 시세를 판단하는 데에는 끝이 없다.

▌ 시세의 돈과 연의 실은 끊지 말라

모든 재산을 한 번에 주식매입에 던져버리는 경우 큰 손해를 볼 수 있다. 한 번에 크게 벌려는 욕심을 버리고 몇 번으로 나누어 조금씩 주의 깊게 매매하는 것이 나중에 큰 이익으로 돌아온다.

▌ 시세의 무서움과 냉혹함을 알아라

주식은 한순간 큰 폭으로 오르기도 하지만 매매타이밍을 놓치면 큰 손해를 볼 수도 있다.

▌ 시장 분위기에 빠지지 말라

시장분위기는 인간심리나 단편적인 투자판단에 좌우된다. 이러한 분위기를 벗어나 객관적이고 냉정한 투자판단을 내려야 한다.

▮ 신고가는 급등주가 될 가능성이 많은 주식이다

신고가를 갱신하는 종목은 본격적인 상승을 예고하는 경우가 많다.

▮ 신고가 종목에 붙어라

신고가 종목은 매도물량소화가 일단락되었음을 암시한다.

▮ 싼 것을 사는 것이 최선이며, 두려운 것을 파는 것 또한 최선이다

주식매매의 최선은 바닥권의 주식을 매입하여, 두려운 종목, 불확실한 종목을 우선적으로 파는 것이다.

▮ 알고 행하지 않는 것은 모르는 것과 같다

주식이 오를 것을 알고 있다고 하더라도 매입·매도하여 이익을 챙기지 않으면, 결국 모르는 것과 마찬가지이다. 확신에 차지 않아 행동하지 않는 경우는 나중에 알고 있었다고 말한다 하더라도 모르는 것과 마찬가지이다.

▮ 얕은 여울물에 공연히 파도가 친다

바닥권의 상황에서 주가가 더 하락했다고 하면 매입하고자 하는 마음이 사라지기는 하나 사실은 조금씩 매수를 해야 하는 시기이다.

▮ 어떤 주식도 신주 모시듯이 해서는 안 된다

모든 주식에는 등락이 있다.

▌어설픈 상담자가 투자를 망친다

어설픈 투자조언은 오히려 투자를 망치는 원인이 되는 경우가 많다. 투자상담은 시황분석 · 종목분석 · 주가분석이 정확한 사람과 해야 할 것이다.

▌여성을 안는 것과 주식을 사는 데에 이론의 뒷받침은 필요하지 않다

시세란 본래 이론과는 무관하다.

▌여유자금으로 투자하고 무리하지 말라

급전을 가지고는 결코 주식투자에 성공하지 못한다. 주가가 하락할 경우 손해를 보면 손해를 보전하고자 더욱 급하게 매입에 서두르게 되어 투자손실을 크게 하는 경우가 많다.

▌연줄을 남겨 놓듯 투자자금도 남겨 두라

주식투자는 여유자금으로 해야 한다. 이런 자금으로도 한 종목에 모두 매입해서는 안 되며, 분산투자 시에도 일정액의 현금을 갖고 있어야 한다.

▌오래 세워둔 주식이 오르면 크게 오른다

장기간 횡보한 주식이 움직이기 시작하면 크게 오르는 것이 보통이므로 장기간 보유한 이후에 이익을 내었다고 바로 팔아버리는 것은 잘못된 방법이다. 오랫동안 횡보한 만큼 위로 상승할 힘은 크다.

▌오를 때는 계단으로 내릴 때는 엘리베이터로

주가의 상승은 차근차근 진행되나 하락은 순식간에 이루어지는 경우가 많다.

▌우량주에는 주의 깊게

단순히 내용이 좋은 주를 산다는 사고방식이 실제로는 매우 위험하다. 우량주라는 것은 과거에 업적이 좋았던 주식이 아니라 앞으로 업적이 좋아질 주식이어야 한다. 그러나 앞으로의 업적을 정확히 측정하기란 매우 어렵다.

▌우발심을 삼가라

충분한 조사를 하지 않는 매입은 성공하는 경우도 있겠지만 대부분 실패를 하게 된다. 시세를 정확하게 읽기 위해서는 우발심을 경계해야 한다.

▌움직이지 않는 주식에는 손을 대지 말라

추세가 불안정한 종목은 매입하지 않는다. 조금 비싸게 사더라도 상향으로 움직이기 시작할 때 사는 것이 매매의 정석이다.

▌이미는 아직이고, 아직은 이미이다

투자자가 빠지기 쉬운 심리적인 맹점을 찌르는 말로서, 아직 살 때가 아니라고 생각했을 때가 이미 살 때가 된 것이며, 이미 팔 때가 되었다고 생각되었을 때가 아직 팔 때가 아니라는 말이다.

▌이에 맞으면 곧 움직이고, 이에 맞지 않으면 멈춘다

이익을 올릴 수 있는 확신이 서면 바로 매입을 하고, 하락이 예상되면 바로 매도를 해야 한다.

▌인간의 마음이라는 것은 손오공의 여의봉과 같이 신축이 자유롭다

주식시세는 그때그때 변화한다. 인간의 마음 또한 변화무쌍하므로 시세의 변화라는 리듬을 잘 타야 한다.

▌인기는 순환한다

주식시장의 인기는 업종별, 테마별로 순환하는 것이 일반적이다. 한 종목이 큰 시세를 낸 후에는 새로운 인기를 찾아 매입세력이 이동하는 것이 보통이다.

▌인기주는 초기 시세에 따라 붙어라

인기주는 단기간 급등하는 경우가 많기 때문에 상한가가 2~3번 친 후에 매입을 해도 늦지 않는다. 그러나 시세가 상당히 진행된 후에는 매우 조심해야 한다.

▌자고로 잘 싸우는 사람은 힘으로 사람을 공격하지 않는다

주식투자를 잘하는 사람은 자기가 한 종목의 주를 독식하는 식으로 가격을 올리지 않는다. 다만 대세의 흐름을 일찍 파악하여 미리 사두는 것이다.

▌자만심은 버려라

처음 운 좋게 투자에 성공하였다 하여 쉽게 속단하는 것은 금물이다.

▮ **작게 돌아 3개월 크게 돌아 3년**

3개월로 한 시세, 3년으로 한 시세라는 말인데 대부분 3개월 정도 계속 오르면 시세도 한풀 꺾이고 3년 계속 오르면 다른 종목에 눈을 돌리지 않는다는 것이다.

▮ **작은 움직임에도 투자자의 뜻이 있다**

미미하게 움직이는 주가의 움직임에도 그만한 이유가 있기 마련이다. 그러한 원인을 규명하고자 하는 자세가 필요하다.

▮ **잘 사면 잘 판다**

매입시기가 중요하다

▮ **장군의 일은 조용히 깊이 있게**

주식투자는 장군처럼 조용히 냉정한 사고를 갖고 행해야 한다.

▮ **장사의 길은 항상 풍파에 쏠리고 있다고 생각한다. 무사가 전장으로 향하는 마음을 갖고 임해야 한다**

주식매매는 그야말로 풍파에 배를 몰고 나가거나 무사가 전쟁터로 나가는 마음으로 행해야 한다.

▮ **재료가 반영되지 않으면 팔아라**

호재라고 하더라도 매입세력이 증가하지 않으면 폭락할 가능성이 있으므로 매도하는 것이 유리하다.

▮ **저가 부실 투기주로도 큰돈을 벌 수 있다**

주식시장이 크게 활황을 보여 우량주나 보통주들이 한 번씩 상승한 이후에 이들 종목들이 움직이기 시작한다.

적당한 종목수로 분산 투자하라

종목을 선택하는 데 있어 한두 종목에 집중하면 성공할 경우 큰 이익을 내지만 실패할 경우 더 큰 손해를 보게 되므로 적당한 종목수로 나누어 분산 투자하는 것이 바람직하다.

젊은 시세는 눈을 감고 사라

오르기 시작하는 시세는 확신하기 어려운 면이 있다. 그러나 시세가 시작하는 시기에는 간단한 차트분석만으로도 고가권만 아니라면 '눈을 감고' 사버리는 것이 주식투자에 있어 중요하다.

조금이라도 위험하다고 생각되는 곳에서는 말을 타지 않는다

위험하다고 느낄 경우에는 주식을 매입하지 않는다.

종목별로 상승하고 일제히 하락한다

주가는 업종별, 종목별로 순환하면서 상승하지만 하락하는 경우에는 업종이나 종목의 구분 없이 동시에 하락한다.

주가 천장은 마른하늘에 벼락치듯 온다

엄청난 폭등세가 오면 모두들 주식을 사기 위해 아우성치지만 곧 주가는 예고 없이 폭락한다.

주가는 거래량의 그림자

거래량의 증감에 따라 그 종목의 강약을 살 수 있다.

▌주가는 옛집으로 간다
주가는 천장과 바닥이 고향이므로 침체기에는 장기투자를 활황기에는 주가하락에 대비해야 한다.

▌주가는 재료보다 선행한다
주식투자의 기준은 예상되는 재료에 따라서 결정되는 경우가 많다. 따라서 현재의 주가는 미래의 재료보다 선행하기 마련이다.

▌주도주를 잡아라
주도주가 아니면 수익률에서 떨어진다. 2번 타자는 따라가지 말라.

▌주식과 결혼하지 말라
보유주식에 지나친 애정은 금물이다. 어떠한 주식도 하락하기 시작하면 가차 없이 매도해야 하는 법이다.

▌주식에도 내일이 있다
단기시세변동에 현혹되어 서두르지 말고 느긋한 마음으로 주식투자에 임하라.

▌주식은 천장에서 가장 싸게 보이고 바닥에서 가장 비싸게 보인다
일반대중심리를 능숙하게 읽어야 성공한다.

▌주식을 사기보다 때를 사라
종목선정보다 매매시점을 잘 선택하는 것이 더 중요하다.

▌주식이 어려운 것이 아니고 정복이 어려운 것이다

주식투자는 많은 수고와 성가신 일들을 해야 한다. 주식의 습성과 시세 등을 미리 알고 매매에 임해야 하는 것이다.

▌주식이 잘될 때 너무 자만하지 말라

초심자에게 대성공은 큰 함정이다. 운에 의한 성공은 주식의 무서움을 잊게 만들어 더 큰 실패를 낳는다.

▌주식투자는 절대적 유연성이 필요하다

상황이 변해 자기 판단이 잘못되었다고 생각되고 하루아침에 시세관을 바꾸는 유연성이 필요하다. 자기만의 고집에 집착해서는 안 된다.

▌주식투자의 성공은 타이밍과 종목선택에 있다

기업의 내재가치 분석과 기술적 분석을 통해 투자유망종목을 골라야 한다.

▌주에는 좋은 주나 나쁜 주라는 구별이 없다. 다만 오르는 주와 내리는 주라는 것이다

주식투자를 할 때에 좋은 주와 나쁜 주로 구분하여 투자해서는 안 된다. 부실주라고 하더라도 시황에 맞으면 상승하는 시기가 있기 때문이다.

▌진짜냐 가짜냐 하는 것은 큰 문제가 아니다

재료의 진위와는 상관없이 사람의 마음을 움직이는 경우에 이 재료는 주가에 영향을 미친다. 중요한 것은 얼마나 영향을 미치는가에 있다.

차트는 시세의 길잡이

차트를 보고 매매를 해야 한다. 차트를 노련하게 할 수 있다면 평균 이상의 수익이 보장된다.

천릿길도 한 걸음부터

조급하게 큰돈을 벌려고 하면 오히려 큰 손해를 보게 된다. 조금씩 수익을 올려 나가는 전략을 세워 실행하면 결국에 그 누구보다도 큰 수익을 올릴 수 있다.

천일 단련하고 만일 단련한다

주식투자에 성공을 하기 위해서는 매일매일 노력을 해야 한다. 주식투자는 불로소득이 아닌 중노동인 것이다. 남들 놀 때 놀고 쉴 때 쉬면 남는 것은 손해밖에 없는 것이다.

천장권의 호재는 팔고 바닥권의 악재는 사라

상승할 힘이 없는 주가는 호재에도 하락하며, 장기간 바닥을 다진 후 서서히 상승하기 시작하는 주가는 어떤 악재에도 상승하기 마련이다. 매매시점은 이러한 시각으로 결정해야 할 것이다.

천재지변이나 돌발사태로 인한 폭락은 매입

시장이 예기치 못한 쇼크로 크게 하락하면 그 회복 또한 빠르다. 대부분 이런 경우 회복기간은 보통 일주일 정도이다.

천장 3일 바닥 100일

천장이란 더 이상의 매수세력이 나타나지 않는 상태를 말한다. 매입세력이 사라지면 주가는 순식간에 하락하기 마련이다. 한번 천장시세를 기록한 이후에는 상당기간 내림세가 이어지기 마련이다.

천장은 사지 않고 바닥은 팔지 않는다

천장과 바닥은 구분하기가 어렵다고들 한다. 그러나 천장과 바닥의 특징은 알 수 있기 때문에 높은 가격에서의 매입과 낮은 가격에서의 매도는 피해야 할 것이다.

천장과 바닥은 계기가 만든다

오르는 힘이 다한 주식은 조그만 악재에도 폭락하고 반대로 오랜 기간 동안 바닥을 다진 주식은 조그만 호재에도 상승하기 시작한다.

천장은 찌를 때까지 계속 오른다

주가가 상승하고 있는 경우에는 악재가 나와도 상승을 멈추지 못한다. 결국 천장을 찌를 때까지 계속 오르게 된다.

첫 누름은 매입시기

상승세에 들어선 주식의 첫 하락은 매입시기로 보아야 한다. 대부분의 사람은 첫 누름에 확신이 없기 때문에 망설이게 된다.

초단타시세를 노리지 말라

작은 시세만을 노리는 초단타매매는 여러 번 성공했다고 하더라도 한 번의 실수로 이제까지의 수익을 모두 날려버릴 수가 있다.

▌촛불은 꺼지기 직전에 가장 밝다

대호황일 때가 바로 하락직전의 장세라는 것을 명심해야 한다.

▌충동매매는 실패를 부른다

충동매매는 주로 정보나 루머에 따르기 때문에 큰손들이 의도적으로 주식을 매도하기 위해 퍼뜨리는 루머에 현혹되어 상투에서 매입하기 십상이다.

▌큰 투자는 실패, 작은 투자는 성공

한 번에 큰돈으로 주식투자를 하는 것은 위험하다. 또한 한 종목만을 매입하는 경우도 위험이 크다. 적은 돈으로 여러 종목을 사두는 것이 안전한 투자기법이 된다.

▌태어난 날이 멀수록 커 가는 속도가 줄어든다

신선한 주식을 사고 재료가 반영된 주식은 사지 않는다.

▌판단에 자신이 없을 때는 중용을 취하라

대세 판단이 어려울 때는 점진적 매수·매도를 하라.

▌팔고 나서 올라도 슬퍼하지 말라

바닥에서 사서 정점에 파는 사람은 거의 없다. 주식을 팔았으면 다시 확보된 현금을 투자할 종목을 고르는 것이 나은 투자전략이다.

▌팔부 능선에서 팔아라

주식을 조금 더 가지고 있으면 더 오를 것 같은 생각이 들 때가 매각의 적정시점이다.

▌팔아놓고 생각하고 생각하고 사라

사기 전에 충분한 생각 후 사고, 팔 때에는 우물쭈물 시기를 놓치지 말라.

▌필사의 관념, 하루의 결산이 되어야 한다

주식을 매매할 때는 필사의 마음으로 해야 한다. 매일매일 새로운 기분으로 주식투자에 임해야 한다.

▌하루 종일 시세판만 쳐다본다고 돈 벌 수 있는 것이 아니다

객장의 분위기에 편승해서 뇌동매매를 하게 되므로 증권사 객장에는 나가지 않는 것이 좋다.

▌한 가지 일을 이룰 생각이면 다른 일에 신경을 분산시켜서는 안 된다

주식투자는 많은 수고와 시간을 필요로 하는 것이다. 바쁜 와중에 시간을 내어 주식투자를 하는 것은 실패하기 쉽다.

▌한산할 때 팔지 마라

침체장에서 주식을 팔면 손해를 보는 경우가 많다.

▌합창을 하면 주가는 반대로 움직인다

모든 사람들이 주가가 반락하면 매입하겠다고 생각하면 반락은 오지 않고, 모든 사람들이 반등이 오면 사겠다고 생각하면 반등은 오지 않는다.

▌ 해야 할 것을 미루는 것은 지휘관의 가장 큰 수치이다

주식매매에 있어 중요한 것은 결단이다. 살 것인지, 팔 것인지, 쉴 것인지를 결정하고 행동으로 신속히 옮겨야 한다. 우물쭈물하다가는 좋은 찬스를 놓치게 된다.

▌ 확신이 있으면 과감하게 투자하라

확신이 있으면 가격에 구애 말고 매매를 해야 한다. 지나치게 신중하면 큰돈을 벌지 못한다. 확신이 있는 경우 20~30%의 수익을 올렸다고 팔아버리면 안 된다.

▌ 확실하지 않으면 아무것도 하지 마라

투자대상이 적당하지 않으면 투자대상을 발견할 때까지 관찰하며 쉬라.

▌ 흑묘백묘

우량주이든 부실주이든 오르는 종목이 좋은 주식이다.

▌ 희망 및 공포의 감정은 그 자체로는 선이라고 할 수 없다

매매를 하는 데 있어서는 희망에 너무 부풀지 말아야 하고, 공포를 두려워하지 않아야 한다.

□ 참고서적

110가지 재미있는 이솝이야기, 이덕히, 작은평화, 1993년

고양이 재판관, 장드러 퐁텐, 일송미디어, 1998년

마음을 열어주는 101가지 이야기, 잭캔틸, 이레, 1997년

사람을 지혜롭게 하는 101가지 이야기, 윤시원, 맑은소리, 1998년

사랑에 대한 177가지 사색, 박성철, 지원클럽, 1997년

생각나무에 열린 우화, 황현식, 청년정신, 1998년

세상을 지혜롭게 살아가는 마음의 두레박, 김영일, 동해, 1999년

셀리의 법칙, 열한명, 가서원, 1996년

아들에게 들려주는 인생이야기, 박준기, 큰산, 1993년

어둠을 밝혀주는 사랑이야기, 료헤이, 백암, 1998년

어른을 위한 이솝 우화전집, 신현철, 문학세계사, 1998년

이야기 서양 고사성어, 남경태, 새길, 1997년

인생을 풍요롭게 사는 법, 서정범, 청양, 1999년

재미있게 풀어쓴 한국의 속담, 심후섭, 이상사, 1999년

지치고 힘들 때 읽는 책, 김인경, 혜문서관, 1997년

지혜의 바다에서 건져 올린 짭짤한 이야기

한국인의 유머, 임유진, 미래문화사, 1998년

향기로운 삶의 이야기, 발타자르, 을지문화사, 1997년

현명한 사람이 읽는 지혜로운 이야기, 이정민, 가림출판사, 1998년

ııı 저자약력 ııı

■ **이 옥 동**

-동국대학교
-동국대학교 대학원 부동산학과(경영학석사)
-De La Salle - Araneta Univ.(경영학박사)
-벽산그룹 관재팀장
-세계부동산연맹 한국대표부 상임이사
-(사) 대한부동산학회 운영위원
-(사) 한국부동산연합회 상임이사
-공인중개사, 주택관리사 자격시험 출제위원
-(현재) 성결대학교 도시계획부동산학과 교수
-주요저서
- 자산관리(2008)
- 부동산공법연습(2008)
- 주택관리론(2008)
- 부동산컨설팅(2006)
- 부동산관련세법(2004)
- 부동산학 연습(2004)
- 부동산경영론, 부동산입지론 등 다수

■ **최 정 일**

-서강대학교 이공대학 수학과
-서강대학교 경영대학원(경영학석사)
-명지대학교 대학원(경영학박사)
-공군기상전대 기상예보장교
-동서경제연구소, 동서증권, 교보증권 팀장
-국민은행 파생상품사업본부 자문위원
-한국증권업협회 및 한국금융연수원 강사
-증권투자상담사 자격시험 출제위원
-(현재) 성결대학교 경영학부 교수
-주요저서
- 자산관리(2008)
- 경영학원론(2008)
- 증권투자의 길잡이(2008)
- 경영수학 입문(2007)
- 증권투자론(2006)
- 증권분석의 이해(2005)
- 증권시장의 이해(2005) 등 다수

□ 참고서적

110가지 재미있는 이솝이야기, 이덕히, 작은평화, 1993년

고양이 재판관, 장드러 퐁텐, 일송미디어, 1998년

마음을 열어주는 101가지 이야기, 잭캔틸, 이레, 1997년

사람을 지혜롭게 하는 101가지 이야기, 윤시원, 맑은소리, 1998년

사랑에 대한 177가지 사색, 박성철, 지원클럽, 1997년

생각나무에 열린 우화, 황현식, 청년정신, 1998년

세상을 지혜롭게 살아가는 마음의 두레박, 김영일, 동해, 1999년

셀리의 법칙, 열한명, 가서원, 1996년

아들에게 들려주는 인생이야기, 박준기, 큰산, 1993년

어둠을 밝혀주는 사랑이야기, 료헤이, 백암, 1998년

어른을 위한 이솝 우화전집, 신현철, 문학세계사, 1998년

이야기 서양 고사성어, 남경태, 새길, 1997년

인생을 풍요롭게 사는 법, 서정범, 청양, 1999년

재미있게 풀어쓴 한국의 속담, 심후섭, 이상사, 1999년

지치고 힘들 때 읽는 책, 김인경, 혜문서관, 1997년

지혜의 바다에서 건져 올린 짭짤한 이야기

한국인의 유머, 임유진, 미래문화사, 1998년

향기로운 삶의 이야기, 발타자르, 을지문화사, 1997년

현명한 사람이 읽는 지혜로운 이야기, 이정민, 가림출판사, 1998년

||| 저자약력 |||

■ 이 옥 동

-동국대학교
-동국대학교 대학원 부동산학과(경영학석사)
-De La Salle - Araneta Univ.(경영학박사)
-벽산그룹 관재팀장
-세계부동산연맹 한국대표부 상임이사
-(사) 대한부동산학회 운영위원
-(사) 한국부동산연합회 상임이사
-공인중개사, 주택관리사 자격시험 출제위원
-(현재) 성결대학교 도시계획부동산학과 교수
-주요저서
• 자산관리(2008)
• 부동산공법연습(2008)
• 주택관리론(2008)
• 부동산컨설팅(2006)
• 부동산관련세법(2004)
• 부동산학 연습(2004)
• 부동산경영론, 부동산입지론 등 다수

■ 최 정 일

-서강대학교 이공대학 수학과
-서강대학교 경영대학원(경영학석사)
-명지대학교 대학원(경영학박사)
-공군기상전대 기상예보장교
-동서경제연구소, 동서증권, 교보증권 팀장
-국민은행 파생상품사업본부 자문위원
-한국증권업협회 및 한국금융연수원 강사
-증권투자상담사 자격시험 출제위원
-(현재) 성결대학교 경영학부 교수
-주요저서
• 자산관리(2008)
• 경영학원론(2008)
• 증권투자의 길잡이(2008)
• 경영수학 입문(2007)
• 증권투자론(2006)
• 증권분석의 이해(2005)
• 증권시장의 이해(2005) 등 다수

▢ 참고서적

110가지 재미있는 이솝이야기, 이덕히, 작은평화, 1993년

고양이 재판관, 장드러 퐁텐, 일송미디어, 1998년

마음을 열어주는 101가지 이야기, 잭캔틸, 이레, 1997년

사람을 지혜롭게 하는 101가지 이야기, 윤시원, 맑은소리, 1998년

사랑에 대한 177가지 사색, 박성철, 지원클럽, 1997년

생각나무에 열린 우화, 황현식, 청년정신, 1998년

세상을 지혜롭게 살아가는 마음의 두레박, 김영일, 동해, 1999년

셀리의 법칙, 열한명, 가서원, 1996년

아들에게 들려주는 인생이야기, 박준기, 큰산, 1993년

어둠을 밝혀주는 사랑이야기, 료헤이, 백암, 1998년

어른을 위한 이솝 우화전집, 신현철, 문학세계사, 1998년

이야기 서양 고사성어, 남경태, 새길, 1997년

인생을 풍요롭게 사는 법, 서정범, 청양, 1999년

재미있게 풀어쓴 한국의 속담, 심후섭, 이상사, 1999년

지치고 힘들 때 읽는 책, 김인경, 혜문서관, 1997년

지혜의 바다에서 건져 올린 짭짤한 이야기

한국인의 유머, 임유진, 미래문화사, 1998년

향기로운 삶의 이야기, 발타자르, 을지문화사, 1997년

현명한 사람이 읽는 지혜로운 이야기, 이정민, 가림출판사, 1998년

||| 저자약력 |||

■ 이 옥 동

-동국대학교
-동국대학교 대학원 부동산학과(경영학석사)
-De La Salle - Araneta Univ.(경영학박사)
-벽산그룹 관재팀장
-세계부동산연맹 한국대표부 상임이사
-(사) 대한부동산학회 운영위원
-(사) 한국부동산연합회 상임이사
-공인중개사, 주택관리사 자격시험 출제위원
-(현재) 성결대학교 도시계획부동산학과 교수
-주요저서
- 자산관리(2008)
- 부동산공법연습(2008)
- 주택관리론(2008)
- 부동산컨설팅(2006)
- 부동산관련세법(2004)
- 부동산학 연습(2004)
- 부동산경영론, 부동산입지론 등 다수

■ 최 정 일

-서강대학교 이공대학 수학과
-서강대학교 경영대학원(경영학석사)
-명지대학교 대학원(경영학박사)
-공군기상전대 기상예보장교
-동서경제연구소, 동서증권, 교보증권 팀장
-국민은행 파생상품사업본부 자문위원
-한국증권업협회 및 한국금융연수원 강사
-증권투자상담사 자격시험 출제위원
-(현재) 성결대학교 경영학부 교수
-주요저서
- 자산관리(2008)
- 경영학원론(2008)
- 증권투자의 길잡이(2008)
- 경영수학 입문(2007)
- 증권투자론(2006)
- 증권분석의 이해(2005)
- 증권시장의 이해(2005) 등 다수

새테크 성공전략

1판 1쇄 발행 2008년 12월 20

저 자 | 이옥동 · 최정일
발행인 | 남 승 우

발행처 | 남두도서
주 소 | 서울특별시 동작구 사당3동 220-43
전 화 | 02) 595-1692~4
팩 스 | 02) 595-1394
메 일 | namdoo6@unitel.co.kr
신 고 | 5-76호 (1998. 11. 4)

ISBN 978-89-5780-100-0 03320

값 16,000원